高階禪觀 12

三三昧禪觀

——證入空、無相、無願三解脫門的禪法

洪啓嵩 講授

〈高階禪觀〉出版緣起

由於宿緣，我對佛法禪觀有著自然而深刻的欣悅。而自幼以來為了尋求超越生死、離苦得樂的法門，也相應的依止佛法禪觀為解脫的寶筏。

佛陀依禪出教，以其內證的大覺，開示了法界的究竟實相。而他所宣說的文字般若，都是讓我們能夠現觀成就的指示。但佛陀的大覺，是經由自證而得，我們如果不能依佛陀的成就次第而得圓滿，只是數著佛陀的珍寶，畢竟無益。而佛陀的觀照般若，是由至深的禪觀修證而來。因此，個人依隨因緣，不揣淺漏，乃在佛前發願，希望將禪觀法門次第開出：上令諸佛歡喜，下令眾生得利，所以陸續的開出了一系列的禪觀修證法門。

自六十七、八年以來，一直隨因隨緣的教授禪法，至今也將近二十年了，但是一直感覺未能將佛法禪觀做較完整的整理，雖然也陸續開講了禪定學，但數年來一直未進入實修次第，總覺遺憾。八十三年，我忽然清晰的體悟，開講完整禪觀的因緣已至，因此決定自八十四年起，宣說圓頓禪人五年高階禪觀修證課程。在這五年當中，預計每個月宣說一套完整的禪法，共計六十種禪觀三昧，每次皆是在週六、週日連續兩天，講說與禪修並行；每次大約說法八小時，禪修六小時，共計十四小時，以期禪教一致，悟入實觀。

從八十四年一月至今，已連續開講了十八種禪觀，現在將這些已宣講過的禪觀，供養給諸佛、一切佛法行人，及對禪修有興趣的大德，希望能對佛法修證有所助益。這個禪法的計劃，也將繼續的開展至八十八年，希望有興趣的大德共同參與。畢竟，佛法是以修證為中心的，沒有深刻修證基礎的智慧與悲心，將像風中的火燭一般，容易熄滅。

希望高階禪觀的整理出版，使佛陀禪法的光明，能夠得到廣大的宣揚，使所有的修行者，乃至一切眾生，走向真修實證之道，就如同佛陀一般，得證圓滿的大覺。

民國八十五年六月

洪澤高

目錄

三三昧禪觀
——證入空、無相、無願三解脫門的禪法

〈高階禪觀〉出版緣起

序

第一章　三三昧禪觀修持總頌／1

第二章　總說三三昧禪觀／13

一、皈命三三昧禪觀／17

二、聽聞三三昧禪觀的大眾／25

三、發心修學三三昧禪觀／41
四、修學三三昧禪觀的正確見地／46

第三章　三三昧禪觀修證／53

一、三三昧和三解脫的意旨／55
二、三三昧釋名／68
三、以生死、涅槃、第一義空釋三三昧／82
四、以三法印釋三三昧／83
五、《維摩詰經》所說的三三昧／91
六、以外境說三三昧／92
七、以心體說三三昧／92
八、以十六行觀說三三昧／94
九、三三昧一如／97
十、三重等持三三昧／99

第四章　如幻三昧禪觀／111
一、空與如幻／114
二、十八種空／132
三、從空三昧到無相、無願三昧／151
第五章　大悲三昧禪觀／165
第六章　法界三昧禪觀／179
第七章　圓頓三昧禪觀／189
附錄：
一、雜阿含經卷第三法印經／201

二、增一阿含經卷十七（節錄）／203
三、大方廣佛華嚴經卷第三十七／205
四、大智度論卷第二十（節錄）／229
大智度論卷第三十一／238
五、成實論卷十二（節錄）／283
六、大乘義章卷第一／287
七、摩訶止觀輔行傳弘決卷七之二（節錄）／299

敬禮　大智海本師釋迦牟尼佛

敬禮　三三昧勝法

敬禮　三三昧成就賢聖眾

三三昧序

三三昧又稱為三三摩地、三等持與三定，是傳統佛教最重要的禪觀；由於三三昧是證入涅槃解脫的門徑；因此就有漏的因位而言，名為三三昧，而就無漏的果位而言，又稱為三解脫門。

空、無相、無願三種三昧，是修證解脫涅槃的重要禪法，也是趣入大乘菩薩三昧的根本，可以說是所有佛教徒的必修科目。而修學這三種禪觀，實在開悟解脫的大方便門。

三三昧在不同的經論，乃至南北傳佛教的經典中，雖然有不同的說法；但其根本的意旨，乃是安立於對空的體悟，及其所引發的觀察與心念；因此，實在無庸拘泥於微細異文，而遠離實證體悟。

現在略釋三三昧：

㈠空三昧：這是觀察法界萬有，人、法皆空，無我亦無我所，一切諸法皆是不實、不常而恒空。如《大智度論》卷二十中解說為：「空三昧二行：一者觀五受種，一相，異相無故空；二者，觀我，我所法，不可得故無我。」五受是指樂受、喜受、苦受、憂受及捨受，約眾生身心微細則受的自相，能使眾生在增長雜染的作用。而現觀彼等一相、異相皆無，現前是空。乃至證或我與我所不可得的現空三昧，此三昧是與苦諦的空、無我二行相應的禪定。

㈡無相三昧：因觀空的緣故，所以不起著於相，觀察一切無差別。《智論》中說：「無相三昧四行：觀涅槃種種苦盡故名為盡，三毒等諸煩惱火滅故名為滅，一切法中第一故名為妙，離世間故名為出。」此三昧是與滅諦中的盡、滅、妙、出四行相應的定。善觀涅槃，離色、聲、香、味、觸五塵，男女二相及生、異、滅等三有為相等十相，故名無相。

㈢無願三昧：又稱為無作、無欲或無起三昧。乃是觀察諸法無差別，現前無相，所以心中無所愛染，於未來生死相續無有願求的禪法。智論中說：「無作三昧十行：觀五受眾因緣生故無常；身心惱故苦。觀五受眾因四行：煩惱、有漏業和合能生苦果，故名為集；以六因生苦果，故名為因；四緣生苦果，故名為緣；

不多不少等因緣生果，故名為生。觀五不受眾四行：是八聖道分，能到涅槃故道；不顛倒故正；一切聖人去處故迹；愛見煩惱不遮故必到。」

此三昧乃與苦諦中的無常、苦二行，集諦中的集、因、緣、生四行，道諦中的道、正、迹、到四行等相應的禪定。苦與無常及集諦的四行相，都是可厭惡，而不應求取，就是連道諦也必須如同渡河之後的船筏一般，亦應捨離。這個三昧以此為緣，所以名為無願。又於諸法無所願樂，所以無欲，亦無所造作，所以名為無作或無起三昧。

小乘佛法以三三昧而入解脫涅槃門，但是大乘佛法乃是以三三昧為基礎，不住涅槃，而以大悲菩提發心，出生如幻三昧，在十方三世中廣度無盡眾生；所以三三昧更是大乘禪法的重要基礎，菩薩妙門的智慧根芽。如果大乘行者不能體證三三昧，那麼所謂菩提妙行，不過是雜染的世間菩提而已，不能真名為菩薩。

三三昧體精用微，是佛子們必當修證的禪法。身處在這個相似佛法充斥，真偽難辨，又不重視修證的時代。雖然個人愚昧，也因為深受佛恩，而不敢不說此禪法。願佛陀加佑，賢聖護持，能使智慧常明，一切所說不脫佛則，能夠利益一切大眾，那麼縱使碎身百千，也了無遺憾了。

南無　本師釋迦牟尼佛

南無　三三昧禪觀

南無　法界一切賢聖眾

第一章　三昧禪觀修持總頌

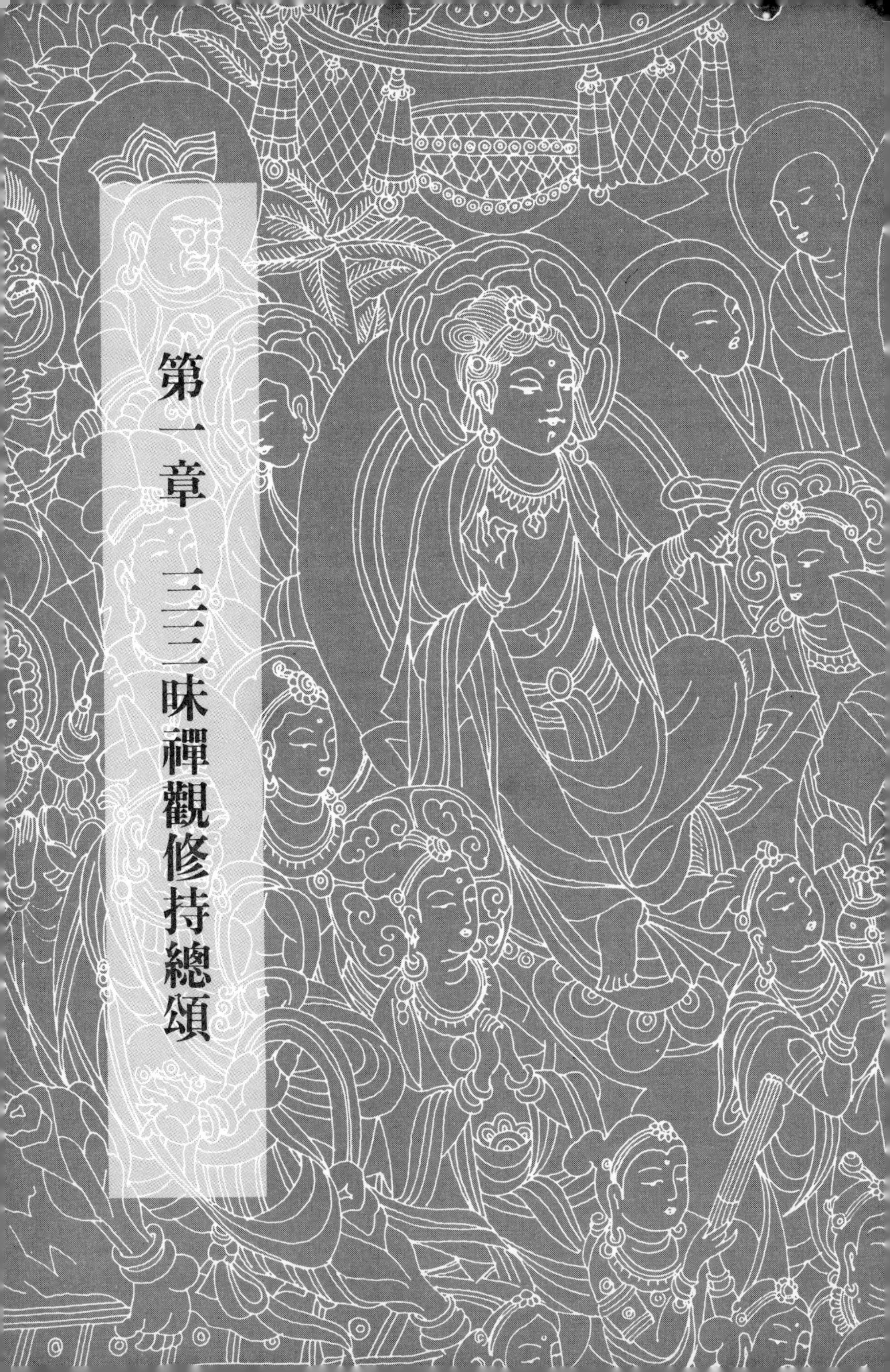

第一章　三三昧禪觀修持總頌

全佛行者洪啟嵩　造

敬禮　大智海本師釋迦牟尼佛
敬禮　三三昧勝法
敬禮　三三昧成就賢聖眾

一、皈命三寶

稽首體性本寂滅，現空大悲三昧佛，等流智海自清涼，能力至尊眾全佛。
甚空無相無作願，平等實相圓悲智，一味妙法成總持，現觀成就王三昧。
體性三昧證圓頓，初中後善無可得，如幻密力自成就，賢聖大海勝皈命。
南無三昧三寶眾，圓頓行者我稽首。

二、對法眾

三三昧行三解脫，如實真智現成就，順證涅槃體無壞，空寂所行迅電光。
大悲所行無所得，般若相應菩提心，心無所依修淨禪，緣一實相三三昧。
圓頓體中無次第，妙行所修無所修，修證現空空中證，無相無得無所有。
悲願廣大無願中，無作妙力不涅槃，大悲如空如無相，無願大悲住本然。
圓頓行人無為悲，甚空無相如次第，無願次第圓頓行，本覺道圓頓始覺。
見修行果大空中，無相寂滅本初後，無願無滅大菩提，廣大體性自加持。

三、發心

體性無滅大悲心，無緣無相菩提心，無願妙作大威力，大空因果無生境。
實相善修三摩地，無為次第三三昧，圓頓現成金剛心，究竟菩提佛妙行。
全佛發心體圓頓，本修妙證無所得。

四、見地

現見法界體大空，無方圓所離三世，我與我所現前空，非修所證體本然。
無相法爾現前境，遠離能所二執中，體寂無可執著者，亦無無相無可得。
無願大悲實相界，無作涅槃無可住，方便等持離因果，如來所行現全佛。
圓頓現前三三昧，現見現修現行果，污染不得無修證，生佛法界不可得。

五、修證

1.三昧解脫義

三昧行法證無漏，無餘涅槃解脫門，身心現前得離苦，涅槃妙因定相應。
正見正思惟入定，定發無漏正見智，非智不禪三三昧，正定大王智大臣。
正定如實生正見，正見善發真無漏，非禪不智三解脫，智慧大王正定臣。
三昧伏道解脫證，三昧解脫定慧合。

2.釋名

理寂現空體無生，涅槃妙法離十相，妙絕眾相名無相，無貪無求無願樂。
無有作用無集起，生死行相不可得，無願無作亦無起，如實了知三三昧。
（十相：色、聲、香、味、觸、生、住、滅、男、女相）

3. 三法

生死現前心無願，涅槃寂靜無相門，第一義空如實相，三法現成三三昧。

4. 三印

諸法無我大空門，諸行無常無願門，涅槃寂靜無相門，三印相應三解脫。
（空、無願、無相次第）

5. 維摩

生死體虛現名空，涅槃離相示無相，無願菩提無貪著，遠離生死取捨心。

6. 外境

體空相空用亦空，現空無相無作願。

7. 心體

心體空故名為空，現想為空成無相，所見皆空為無願，心與心所相應法，

體寂相寂作用寂，空門無相無所作，圓頓妙體現成空，圓頓妙相示無相，
圓頓大用無作願，圓頓體中不離初。

8.十六行

現空三昧具二行，善觀五蘊現前空，無我我所不可得，空無我法為初門。
無相三昧具四行，涅槃苦盡煩惱滅，勝法第一現微妙，遠離世間出纏縛。
無願三昧十大行，五蘊因緣觀無常，身心惱苦無願求，集因緣生四苦因，
道正行出解脫因，如實無作解脫門。

9.三三昧一如

不見眾生不見法，空中無相無可取，空即無相不可得，空中無願無可求。
空能修空善得利，不見眾相實無相，無相無願不受身，不受身故脫眾苦。

10.三重等持

空空三昧重空定，無相無相平等持，無願無願三摩地，三重等持三三昧。
現空智觀五蘊空，成就現前空三昧。復觀空智亦為空，空空三昧能成就。
無相現觀五蘊寂，五蘊空中無相取，無相觀智空無相，無相無相三摩地。

五蘊空中無願求，無願三昧無所作，無願觀智空無願，無願無願等持定。
重觀三昧善修利，如人以杖燒死屍，死屍燒盡杖亦焚，智者如實智斷結。
煩惱既亡智須捨，如筏喻者亦如是，如藥醫病病已癒，不棄藥石反成毒。

六、如幻三三昧

苦集如幻空三昧，一切法空如實相，內空外空內外空，空空大空有為空，
第一義空無為空，畢竟為空無始空，散空性空自相空，不可得空諸法空，
無法空及有法空，無法有法空十八，無生如幻破諸惱，諸法實相滅眾苦。
戲論空相未證空，計有空相離實相，知空現前無空相，無相解脱三昧門。
空相現空具觀智，既無能所誰空觀，無作無起無分別，如幻三昧無願門。
三解脱門惟一法，以行因緣説為三，觀諸法空空三昧，空不可取轉無相。
無相無起轉無願，三三昧法體一如，善觀世間即涅槃，無相無作涅槃空。
世間如是如實相，無有自性體如幻。

七、大悲三三昧

法無所見無所證，入空三昧不證空，不深攝心繫緣中，不退道法不盡漏。
具大智慧深善根，大悲菩提念無間，緣諸有情慈三昧，行空不證有無相。
如鳥飛空而不墮，行於虛空不住空，行空無相無所作，不墮空無相無願。
如善射人射虛空，箭箭相拄自隨意，能令不墮大自在，方便所護不涅槃。
諸法實相無可證，不捨眾生發大願，善攝眾生三三昧，空無相無願解脫。
大悲心及方便力，入空三昧解脫門，不證實際不失念，能斷眾生有所得。
無上正等正覺心，無相三昧解脫門，能斷眾生行我相，慈悲喜捨不失心。
顛倒妄想苦造作，眾生輪迴極可憫，能入無願三昧門，無住不證解脫中。
斷除虛妄顛倒想，安住菩提無退轉，念諸眾生大悲具，深觀法相不可得。
現空無相無所作，無願無起無所有，無生無滅法爾相，入空不證空三昧。
入無相無願無作，無起無生無所有，不證一切不涅槃，大悲菩提三三昧。

八、法界三三昧

體性法界不思議，廣大圓滿三三昧，盡觀法界眾緣起，無我無人無壽者，
亦無作者無受者，現前大空解脫門，畢竟解脫不可得，自性寂滅無法相。
無相解脫現在前，遠離分別法界體，無有願求自解脫，大悲為首化眾生。
無願解脫門現前，無緣大力妙用增，十空三昧門為首，百千三昧悉現前，
乃至無量三昧海，體性三昧自法身，十無相門為上首，百千三昧自現前，
無量廣大三昧海，法界三昧海印定，十無願門為先導，百千三昧現在前。
無量三昧大海示，首楞嚴定法界身，順佛菩提大智海，方便智慧恆相應。
究竟菩提恆不捨，無始無終金剛定。

九、圓頓三三昧

法界現空不可得，究竟無相無可見，法爾無願自圓滿，圓頓體中說實相。
三解脫門自解脫，無修無證自解脫，本解脫故自解脫，平等解脫自解脫，

周遍解脱自解脱，全體解脱無造作。現空解脱體寂滅，無相解脱相圓滿。
無願解脱用圓頓，圓頓現成三三昧，法爾空寂本來佛，廣大圓滿涅槃佛。
遍照光明法住佛，圓頓全佛平等佛，皈命常住十方佛，全佛同住常寂光。

十、迴向

三三昧定解脱門，全佛總持住平等，諸佛心子善修持，迴向法界眾成佛，
如佛智慧大悲力，究竟菩提如來地，一切眾生皆吉祥，國土平安願成滿，
法脈光明無盡燈，圓頓行人不退轉。

第二章　總說三昧禪觀

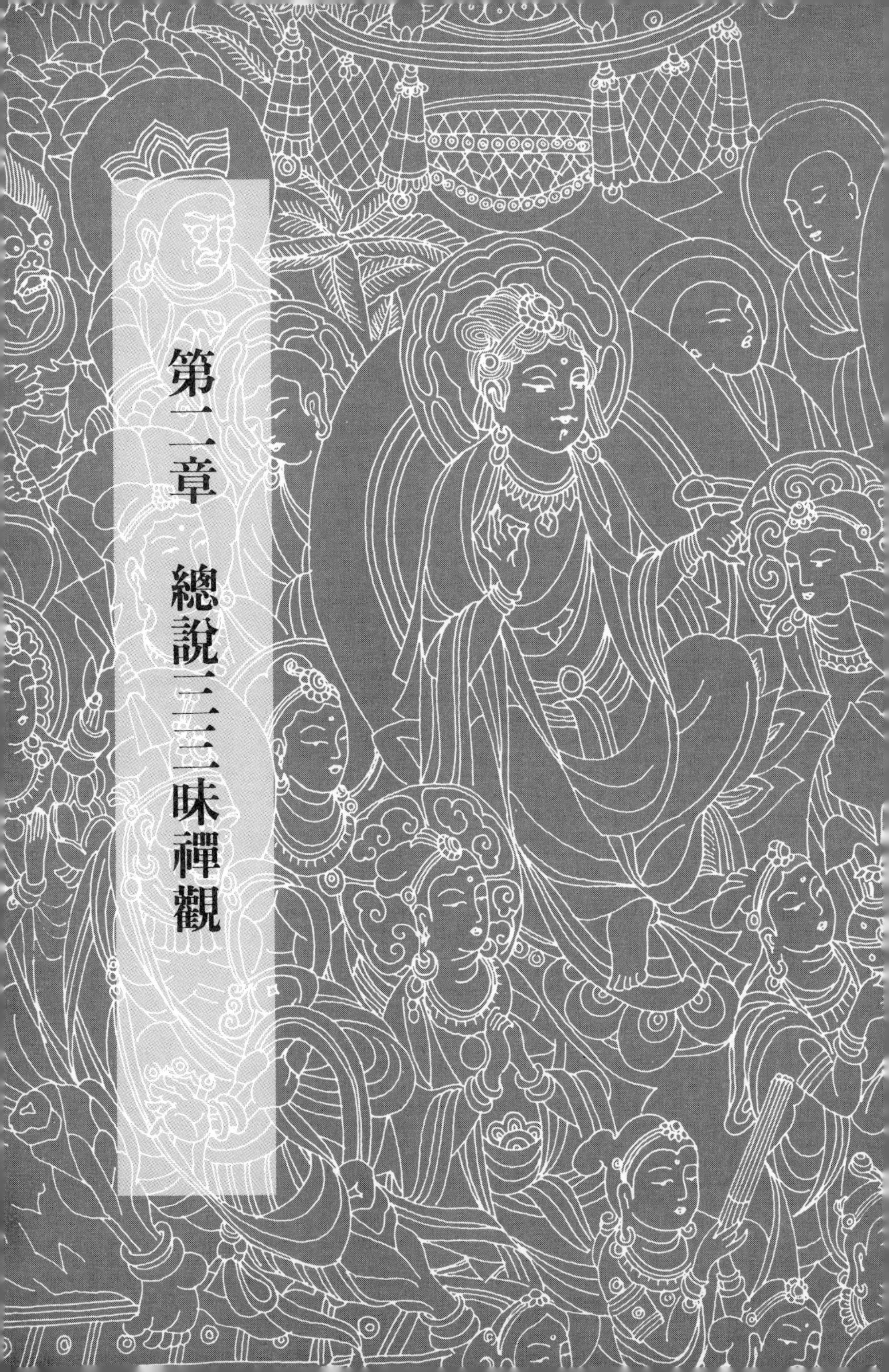

第二章　總說三三昧禪觀

三三昧禪法是我們五年高階禪觀課程中，第一年的最後一堂課。這一堂課可說是將小乘禪法，亦即根本的禪法做一個總結。選三三昧來做為第一年的總結，對大家的修法有特別的意義。

為什麼不安排九次第定、師子奮迅三昧乃至超越三昧來做為總結，而選擇三三昧來做為總結？因為九次第定、師子奮迅三昧乃至於超越三昧，雖然就定力而言都是禪法的顛峯，而且在菩薩禪裏面也是具足成就，只是菩薩並不安住於此而已。但是為了彰顯菩薩道，以及轉修菩薩三昧的成就，所以宣說三三昧。因為從三三昧—空、無相、無願三昧，轉到菩薩大三昧時，其中有其很合理的轉換形式，所以特別用三三昧來做為基礎禪觀的總結。

高階禪觀課程，共計六十個主題，預計要講五年，此乃源於大悲出心、順應緣起而成。第一年的時間來做為修行的基要，此時全部的禪觀機要都修行成就，再轉入第二年，從大悲如幻三昧為開始，轉成廣大無邊的菩薩三昧。這是選擇三三昧做為今年最後一個禪觀的原因。

今年十二堂課上完，一年也過去了，這個五年修證禪觀的第一年，不知道你們修得如何？很多人在笑，不知道是歡喜的笑呢，還是苦笑？也許應該要來個考試或驗收吧！大家可以問問自己，或提出一些方法來檢驗自己的禪觀，看看怎麼來修學才能真的受用。否則我講得這麼多，上課時大家很喜歡聽，但是修得怎麼樣卻不知道，也不知道怎麼樣才好。

問：雨華，你認為你今年修得怎麼樣？今年這高階禪觀對你的影響如何？

答：有幫助，自己也有進步。前兩個禮拜夢到自己罵自己很差，但是還是有進步。能夠做夢夢到自己很差，而且知道自己很差，真的是進步很大。為什麼要特別問他呢？因為問其他人的話，我大概會講不下去。至少我知道今年雨華他在根本的問題上面——心的根本我執結構上，已經被動搖了，也就是說，這些修法本身已經進入他的心境，所以特別問他，免得我太沒面子。修行要面子幹什麼？當然不要面子。但是，雖然不要臉，但是總要修行吧！希望大家今年對自己的修學情形好好地檢討一下。時間已經去了五分之一了，我能夠講多久也不知道，我們大家努力吧！

一、皈命三三昧禪觀

敬禮　大智海本師釋迦牟尼佛
敬禮　三三昧勝法
敬禮　三三昧成就賢聖眾

身為一個修行人要善於體會傳承。「傳承」不是世間的東西，而是心的、體性的東西，沒有先賢成就來教導傳法，就沒有我們的修學、成就。回饋古代賢聖大德乃至佛陀的唯一的方法，就是在他們的教法基礎上更加發揚光大，使眾生成就圓滿。

各位，你們應當要有這種心意，在這種沒有我慢的心意之下，把教法弘揚到整個世間。我想這是我最歡喜，也是我感覺最幸福的事情了，使眾生圓滿成佛，這是我唯一的目的。人世間的紛紛擾擾總是有的，人的喜、怒、哀、樂等情緒總是有的，但是這些都不能夠影響我們的金剛菩提心。這些東西如果很輕易的就影響我們的話，代表這菩提心是虛妄的，是有問題的，要小心，希望大家用無我的心境來弘揚教法。

頌云：

稽首體性本寂滅，現空大悲三昧佛，等流智海自清涼，能力至尊眾全佛，
甚空無相無作願，平等實相圓悲智，一味妙法成總持，現觀成就王三昧，
體性三昧證圓頓，初中後善無可得，如幻密力自成就，賢聖大海勝皈命，
南無三昧三寶眾，圓頓行者我稽首。

要修三三昧法之前，首先要皈命三三昧的聖者，三三昧的佛、法、僧三寶，由於三寶常住的緣故，所以我們能夠歡喜地領受三三昧的法。首先稽首我們的體性當中本然寂滅。這「空」是現前空，是本然空，不是前空、中空或後空而已。它是三性體空，不是可得之空，而是本然之空。不是造作而得空，也不是觀想而

得空，而是體性寂滅現前空。所以，這「空」不是我們去觀空所得，觀空是方便；也不是以空來印一切法，因為以空來印一切法的話，是頭上安頭。「空」就是現前寂滅，就是現前的一切。前空、中空或後空都是錯謬的，因為過去已斷，未來未至，現在不住，所以全體是空，連空者亦是空。全體大空，這才是勝義所行。

空行者體然寂滅，不起空見，因為一切現空，何必起空見？現觀即是空，何必再起空見？所以是體性空。所有一切空的修持本身都是不可得的，因為所有修持空的本身都是空。即使我們不了知現空，但是依然是空，這樣才是體性寂滅的智。所以我們與諸佛本身平等無差別，以這樣的平等無差別心才能夠現見諸佛，也才是對諸佛最高的禮敬。如果有人聽到：「我們跟佛平等無差別」這句話，而覺得罪過，這是下劣心，這是侮辱佛的。侮辱了兩個佛，一個是外界的佛—已經成佛的這些佛，因為你不相信他們的話；第二是侮辱你自己的自性佛，你同時毀謗了這兩位佛。我們對佛要有體會，這才是平等實相。

佛是無差別相、無所有相，是無住相、是甚空相、是現空相、是寂滅相、是體性本寂滅相。所以現前空性的大悲三昧，以大悲三摩地現出的佛，佛是如幻，我亦是如幻，眾生如幻，一切觀照亦是如幻，這才叫實相。我們了悟了，就是般若實相，而這一切現實都是實相般若。而以現空大悲而起的三昧等持佛，我們要禮敬他，禮敬三寶。所以，真實地皈命稽首，真實地讚嘆，依不可得之心來禮讚諸佛，過去心不可得、現在心不可得、未來心不可得，所以禮讚亦是如幻，這樣的禮讚才是真實的，這禮讚也才能夠無間現前，隨時隨地具足無礙的自在心來禮讚，這才是對現空大悲三昧佛的禮讚。

「等流智海自清涼」，我們眾生苦惱，佛不然，他是以智海等流之身現起，所以自然是安住在法爾清涼之境。雖然是如幻裏面，但是如幻中有大力，所以是「能力至尊」。能力至尊能使一切眾生圓滿成佛，所以說「能力至尊眾全佛」，這是佛的大力。從另一個立場而言，一切眾生本來圓滿成佛，所以說我們禮敬「稽首體性本寂滅，現空大悲三昧佛，等流智海自清涼，能力至尊眾全佛」，也就是禮敬一切眾生現前成佛。每一次，我們在修法裏面所禮敬的都是相同的，只是不同的稱讚、不同的稱謂。所以，我的佛法沒有什麼，根本可以說是沒有佛法，我是個騙子，講來講去都是那幾句話而已，最終想要達的目的是騙大家去成佛。

你們要成就的是不被我騙。但如果你說：「我今天絕對不被你騙」，那你又被我騙了！懂嗎？我說我騙你，你們就相信了，那不是又被我騙了嗎？怎麼辦？我不知道。看你們怎麼辦，你們成佛之後就知道怎麼辦了。

有人會問：「如果佛根本沒有，那你不是騙我們嗎？」我說：佛沒有，但是你可以成啊！你成佛之後才知道佛沒有，你不成佛，怎麼知道沒有？跟你說那個房間裏面沒有東西，你死也不相信，偏偏要進去，結果去了半天，出來後跟別人講說那房間裏面沒有東西！誰會相信你？所以每一個人還是要親自進去，進去以後才知道被騙了。講實話也是騙你，不講實話也是騙你，怎麼辦？看來你只好自己走一趟。

我最近常常問大家：「誰不是佛？」。因為問大家：「誰是佛？」，比較麻煩，問：「誰不是佛？」比較簡單一點。這「誰不是佛？」才是檢驗你是不是有大慈悲心、檢驗你是不是有大智慧、檢驗你是不是有大圓滿見地的標準。這樣的檢驗是隨時隨地要問的，但不能像鸚鵡學說話那樣一直唸：「大家都是佛、大家都是佛……。」這是沒有用，而是你要心心念念，隨時隨地現起。這才是檢證各位悲心的最佳標準。最近我發現到這個道理，實在是很快樂。但是要提醒大家：不要變成只學口頭禪的鸚鵡了。

稽首禮敬一切眾生是很重要的，有沒有人禮敬眾生佛？有，諸佛即是如此。所以在這個法門裏面把諸佛所行的內涵提出來了，以前沒有講得很明白，現在把它講清楚了。大家要努力！這就是我們在傳承上要一直講下去的。

「甚空無相無作願」，這是講空、無相、無願（無作）三昧，這是三三昧法。前面是皈依佛，現在是皈依法，空、無相、無願，或空、無相、無作，在《大智度論》裏面是講無作，一般講無願。這是三三昧的行相、名相。其實在皈命這法門的三寶時，大家應該知道我們已經證得這個法門成就這個法門。如果沒有證得的話，就要繼續努力了！然後也才需要後面的修法次第。否則發心皈命就現前成就，這是古來的道理，自古以來就是如此。釋迦牟尼佛在為比丘受三皈依是口宣：「皈依佛，皈依法，皈依僧」後，然後比丘就「鬚髮自落，袈裟自服，即成阿羅漢」。好簡單，好快速的！所以皈命即成就。但是我們呢？我們皈命後還要繼續努力。雖然如此，不管怎麼樣，心還是要不斷地在這見地當中。

「平等實相圓悲智」，「空、無相、無願」這三法是以空三摩地為根本，空三昧為根本，沒有空三昧就沒有無相三昧、也沒有無作三昧，這樣的說法是《雜阿含經》的立場。但是我們現在要以禪波羅密為立場，以菩薩禪的立場來看三三昧，所以必須要了解它是平等實相的。因為空，佛空、法空、三寶皆空、眾生亦空。所以它是平等的實相，在平等實相裏面，是圓滿悲智。所以它不是一般小乘的三三昧，而是菩薩禪。

「一味妙法成總持」，這一味妙法是以空來總持一切教法，以空來圓成三三昧，以三三昧來圓成一切三昧，有這三三昧才有如幻三昧，三三昧的大悲作用就是如幻三昧。我們要了解這樣的一味妙法，能夠總持一切，現觀成就王三昧，因為它能夠總持一切，所以稱為「王三昧」。這是皈命於法。

再來是皈命僧眾：「體性三昧證圓頓，初中後善無可得，如幻密力自成就，賢聖大海勝皈命。」空，就小乘聖者而言，是修行所得成就。但就菩薩現觀而言，空是本然如是，不是修所成就，而是體性三昧。本來由俗修真，修得成就，所以有真俗二諦，但是後來發現到一切俗諦不離真諦，發覺到原來體性中本來如是。所以修得三三昧圓滿成就者，初修時就必須要了解它是一個體性三昧，是證得一個圓頓法，本然是如此，它是至圓至頓的，不是次第所成。從修證亦空來講，就是無修無證，所以污染不得，修證現前，現前亦空。

「初中後善無可得」，沒有什麼是不空的，所以染污是虛妄的。雖然染污造業的現象是有，但造業者是空。因此這現象本身當是如幻，是不可執持的。我們這樣體悟之後，了解到諸佛所說：奇哉！一切眾生本是圓滿，現前是佛，只是我們現在就像還沒去洗澡的佛，還沒坐上佛的位子，但大家本來就是清淨、圓滿的，洗到最後才發覺到，原來是「泥牛入大海」，泥做的牛入了大海，剩下什麼？沒有消息可得。

沒有消息怎麼辦？很多人就會開始擔心了，所以在《法華經》裏面，佛陀說法時，就有一大堆人退席不聽了。他們覺得：修別的法門很好，可以到天堂或有一些好處，但是修習這個法，修到最後却什麼都沒有。什麼都沒有是什麼都沒有嗎？其實，什麼都沒有是指不好的都沒有。如此大家可以很自在了吧！

「什麼都沒有」，是證入一個遠離一切雜染的境界。當然，不是現在所思惟的有或沒有。現在大家所得到都是假的，所以因為無常，無常故苦，苦故空。現在「空」，那空之後呢？了解一切無常，一切無常之後就不苦了。同樣的東西，不同的眾生看的就不同，境界不同的生命看到的也不同。

「如幻密力自成就，賢聖大海勝皈命」，從悲心修三三昧就能成就如幻的密力，所以我們要皈命這廣大、不可思議的賢聖大海。自此已皈命殊勝的佛、法、僧三寶。

「南無三昧三寶眾，圓頓行者我稽首。」最後再把佛、法、僧三寶作一個總攝，我們這些圓頓行人稽首皈命這樣的三三昧三寶。

二、聽聞三三昧禪觀的大眾

三三昧行三解脫，如實真智現成就，順證涅槃體無壞，空寂所行迅電光。
大悲所行無所得，般若相應菩提心，心無所依修淨禪，緣一實相三三昧。
圓頓體中無次第，妙行所修無所修，修證現空空中證，無相無得無所有。
悲願廣大無願中，無作妙力不涅槃，大悲如空如無相，無願大悲住本然。

圓頓行人無為悲，甚空無相如次第，無願次第圓頓行，本覺道圓頓始覺。
見修行果大空中，無相寂滅本初後，無願無滅大菩提，廣大體性自加持。

「三三昧行三解脫，如實真智現成就，順證涅槃體無壞，空寂所行迅電光。」三昧是定、是等持定境；解脫是門，是入於解脫之門，所以三三昧又稱為「三解脫門」。空、無相、無願三昧，又叫做「空解脫門、無相門、無願門。」這是一種說法，認為三昧與解脫門兩個是合一，是一個。但有的說法是三昧屬於定，三解脫是屬於門，定成就後來入於門。三三昧是行道的過程，門是趣入，所以三三昧是三解脫門的基礎，二者是二，這是一種說法。還有一種說法是以三三昧來攝三解脫，是以定攝慧；以三解脫來攝三三昧，是以慧攝定。所以三三昧與三解脫有這樣幾種不同的說法，我們了解就好了。等到修得成就，不管是叫三三昧或是三解脫，都是成就。

不管是黑貓、白貓，能抓老鼠的就是好貓。你說：「那好！我拿一隻花貓，這花貓是瓷器做的，去抓老鼠。」那你等著吧！外表再漂亮，也沒有用，就像我們沒有修就沒有用。所以不管是叫做三三昧還是三解脫，這其實不重要，問題是你有沒有修。

煩惱如老鼠，黑貓、白貓宛如智慧。如果白貓是三三昧、黑貓是三解脫，黑白相間的貓，就是三三昧、三解脫合在一起。所以在《小品般若經》裏面叫三昧解脫門，就是把它們合在一起，這裏權且分開來說。「三三昧行三解脫」，就是說用三三昧來行三解脫，三三昧就宛如我們走上解脫的道路，而且是朝正確的方向走，而這個入口，這個門就叫三解脫門，把門打開，原來外面是陽光普照。所以「如實真智現成就」，如實真智慧現前成就了，這是講小乘眾。一般因應三三昧或三解脫來得到成就的人，他們是這樣修行的。

「順證涅槃體無壞」，是順著法流，順著空、順著無相，順著無願的法流，順著心的覺悟、順著法界體性來證得涅槃，體性無壞，金剛不壞。如撥雲見日一樣，啊！原來雲霧都是緣起所生，原來體性如日輪金剛不壞。在剎那間，我們看到這個的時候，「空寂所行迅電光」，空，已經滅所行了，如電光一樣閃耀出現。所以三三昧不一定是在九次第定才講，也不一定要修到九次第定才能得到三三昧。從九次第定可以得到三三昧，但在初禪、二禪、三禪、四禪也都可以修的，甚至在未到地定也可以修，隨時隨地都可以修三三昧的，所以它成就的也是「電光三昧」。

「大悲所行無所得，般若相應菩提心，心無所依修淨禪，緣一實相三三昧。」三三昧是來自大悲所行，這是菩薩心，以菩薩來修三三昧。以大悲為上首來行無所得行，所以大悲為上首，無所得相應而行，這是整個般若的智慧。大悲所行，行什麼？行無所得。所以初無所得、中無所得、後無所得。既然是無所得，為什麼要行？大悲的緣故。

很多人會說：「既然無所得，那我做這些事、修這些法幹什麼？無聊嘛！」我可以跟大家保證：你不做的話更無聊。不是這樣子嗎？不做又要做什麼呢？去追求世間的種種，不是很無聊嗎？很多人問我：「為什麼要講這些禪法？是悲心廣大嗎？」這樣講我會很不好意思，不敢承認，這只是我興趣所在罷了，因為我不知道該做什麼好，只能做這些。那麼這些又能做什麼？這些什麼都能做。

「大悲所行無所得」，裏面更有一番天地。你有煩惱嗎？你不幸福嗎？請參加：大悲所行無所得！有些人會問我：「你為什麼要學佛？」這個不要問我。或有人問我：「你有沒有煩惱？」這是他的問題，因為他會問我這句話，代表這是他的問題。如果他認為學佛或不學佛根本不重要的話，就不會問我為什麼要學佛。當一個人會問：「為什麼要學佛？」代表你心中有企求了，就是有願，有願就去圓滿。所以下次大家應該問自己：「我為什麼要學佛？」因為問這句話就是心中有疑惑，有疑惑就要學佛。如果學佛或不學佛都了然於心了的人，根本不會問這句話，心中不會想出這句話。以前我都會跟他人解釋半天，因為學佛可以如何如何，可以解決煩惱……等等，現在不用了，就是這句話：「聽了你這句話，我知道你一定要學佛了，不然你的人生會沒有意義。」人生為什麼要有意義？大概是因為你希望有意義。

「大悲所行無所得」，這句話很好。「般若相應菩提心」，大悲所行乃無所得，是以大悲來攝無所得，現在用般若、用智慧空、無相、無願來相應這悲智的菩提心。

「攝」、「相應」的動作似乎是有個主動有個被動，有些人說：「啊！我抓住它了！」其實你抓到它的時候，同時也被它抓到了。「我抓住了一個杯子」，代表「我被杯子抓住了」。之後怎麼辦？只好喝茶。到底是我喝茶，還是我被茶喝？這也很難說。我以前看過一則世界新聞報導，是講關於狗的。他從狗的立場來講狗跟人類的文化史。就人類的文化史來看人跟狗的關係，是「狗被人類馴化的過程」，但對狗來講，是「人類被狗利用的過程」。是不是這樣子？因為你把狗養成寵物的時候，狗就有了存在權，永遠不會像犀牛一樣被獵殺。如果狗變成家禽，像雞、鴨般養著，牠不交出牠的忠心的話，牠就會被人吃了。所以牠搖一搖尾巴，你就不殺牠了，人多笨啊！

狗很好命，牠每天沒事，只負責「汪、汪！」，你就趕快去找東西餵它。所以，這到底是人去養狗，還是狗讓你養？狗決定：「好，讓你養吧！」養兩下子人類就被套住了。從這個立場來看的話，到底誰是控制者？很難說。狗愈來愈不用工作，以前還要幫人類看家，看牛羊，現在都不用了。又比如一個族群是侵略者，他去侵略一個地方，把那個地方的人全部消滅。我們常常會這樣形容，但是你們有沒有發覺到，在同化對方的過程，事實上是被對方同化了。幾乎都是同樣的歷史在上演。

「我把他的基因消滅了！」就是代表他的基因進入你的身體裏面。從這個立場來看，世界彼此之間是要用融合的觀點來看才是正確的，「消滅」根本是誇大、虛幻的想法，沒有這種事情。所以我現在看好九七，等著看大陸吃下香港，怎麼鬧肚子痛。因為香港資本主義的基因特別強烈，就像殺不死的細菌，太根深蒂固了！不像某些生命在不同環境裏面，很容易因為衝突太激烈而跑去自殺。香港人不會，他的姿勢擺得之低，但是又根深蒂固的頑強，人家說「不自由毋寧死」，他則說「不自由，我還是要活下去，把你搞倒。」這樣下去，資本主義的基因會順著中共的血液通道，改變到骨子裏面，到時候整個大陸會變成資本主義，只剩空殼一個，只有表面寫著「社會主義」，骨子裏則是資本主義。

所以我們要穩定下來，九七之後，大陸很頭痛的，因為常常有一個「香港病」會發病。到時候，慢慢沒有時間管我們了。九七、九八、九九、二〇年……差不多了，大家談一談吧！算了！你們頭痛，我們互相幫忙，就這樣過去了。當然，或許我這樣講得太輕鬆了，但是我們有這樣的期望也不錯。我是認為台灣很有希望，因為有希望，我們才有辦法再繼續講三三昧，不然還沒講完就要去大陸講，很可能又講不成，那怎麼辦呢？

這裏也是平等、融合、相攝、相應的觀點：「大悲所行無所得」，下面就是「般若相應菩提心」，一個抓過去，一個又抓回來。所以要了解這樣的關係。我們在修六妙門的時候，一數二隨三止四觀五還六淨，「還」是很重要，沒有還就沒有淨，所以還是雙破，所謂「一語雙破」，破對方也破自己。把對方全部破斥掉，然後又把自己破除掉，這是很重要的立場。舉拜佛的例子，假設現在有兩個人，一個是基督教徒，一個是禪師。基督徒對禪師說：「你們佛教徒崇拜偶像！」禪師說：「對啊！我是拜偶像，那我們這些拜偶像的跟你們這些不拜偶像的來比比看：你把耶穌基督的像放在前面，你把他燒了，我把毘盧遮那佛的像砸了，看誰動作比較快！」基督徒急著說：「怎麼可以？」他話還沒說完的時候，禪師已經把這兩尊塑像都砸壞了。

為什麼？因為今年的冬天很冷，可以拿去燒來烤火。佛像它是木頭，我們是佛的時候佛像才是佛嘛！天氣冷死了，禪師把它拿來當木頭燒，不然怎麼辦呢？

冷死的話佛也不高興，他捨身取義，我圓滿，佛圓滿！燒木頭來取暖的說法還好一點，比較奸詐的禪師他就說：「我在燒舍利。」人笑他：「木頭怎麼會有舍利？」他就反問：「既然是木頭為什麼不可以燒？」所以我們修禪觀、修本尊觀要注意，修到本尊現前，接著一定要修：「本尊無所來，我無所去」，這是如幻。不修這個的話，就跟外道一樣了。因為本尊三摩地，前面是空，中間現起本尊，後面是空三摩地，這才是正觀。

以時輪金剛而言，婆羅門教可不可以修持輪金剛？他修會不會觀成就？會啊！他們都很厲害的！還可以放電影給你看。他更厲害，還可以拿東西給你吃呢！但是這得到甘露灌頂了嗎？沒有！為什麼？因為他把這些境界都當真的了。佛法的精髓就在於了知它是如幻的。那麼它是假的囉？我也沒有這樣說，它是如幻的，如幻也不是真也不是假，就是實相。那麼實相是真是假？實相就是實相，不是真也不是假。如果有人說：「你在說什麼嘛！這算什麼答案嘛！」我只好說：你是不會懂的，因為沒有開悟嘛！這樣說好像太過份了。也令大家很傷心，但這確實是真的。所以佛陀講的「空」，打破人類固有的思惟方式，不是過去任何人所能思惟想像的，也不是學者研究半天的什麼邏輯，跟那些一點關係也沒有。空是實相，不是研究出來，也不是什麼東西，是現觀現前，只是你看錯了而已。

再來，「心無所依修淨禪」，心要無所依而修禪，這就是菩薩禪，菩薩禪叫淨，所以是淨禪，為什麼？因為心無所依，就沒有染著。所以菩薩禪的根本就是心無所依來修這個淨禪。這句話要注意！所以菩薩禪又名淨禪，禪波羅密又名為淨禪，所以以無所得、以如幻、以空、以清淨、以無所依，因無所依，所以不求。菩薩只是因為大悲來如幻現起，他根本不求，他可以現前現起，但是他不證不求，為什麼？我自己體都是空的，這個境界當然也是空的，我有什麼可證可求呢？當然只是為了眾生大悲方便。如果無有眾生一切眾生寂滅的話，體性當然是寂滅了。所以說「心無所依修淨禪」。

「緣一實相三三昧」，緣法界一實相、緣緣起性空的實相來修習三三昧。

「圓頓體中無次第，妙行所修無所修，修證現空空中證，無相無得無所有。悲願廣大無願中，無作妙力不涅槃。」圓頓的體中，根本沒有任何次第可行，本來是如此，所以次第是如幻。而圓頓也是如幻，圓頓如幻故，名為圓頓。我們立圓頓是為什麼？因為圓頓是如幻，所以才能立圓頓。如果立此而不破此，就不對了！就不是中道。這是一切現空的道理！這是整個中觀裏面要顯示的道理。因為我們無所得、無所依，一切所立皆破之，包括本身，就像天下最好的矛與天下最好的盾相碰撞，矛和盾都會壞掉的，這就是雙破。所以說，盡大地是藥，哪個是病？如果沒病窮吃藥，那不是閒著沒事自找麻煩？法是為了度眾生，沒有眾生的話當然沒有法。所以說「佛說一切法，為度一切眾」，一切眾現空的話，根本沒有一切法了。

「圓頓體中無次第，妙行所修無所修，」修，但是却沒有執著我所修，是如實的次第，是在真實修行，這是真實的境界，否則叫作「執於常」。所以說「妙行所修無所修，修證現空空中證」。空中證得圓滿亦是空，亦是無可證得，這是你們一定一定要記得的，如果不是這樣子，就不是真的無住相。所以《金剛經》廣明無住次第，廣明所謂的無住法。般若無住，所以證得般若，這是屬於般若次第。般若亦不可證，是方便次第。證得般若有時會有般若起的淨貪，要注意！所以為什麼叫初地，不叫二地？二地叫般若，初地也叫般若啊！這是般若次第，為什麼會有二地、初地之分？因為初地菩薩「住」於初地，為什麼只「住」於初地？因為他證得初地的般若貪。般若是破除一切，但他本身卻住於般若，所以他是初地，不是二地、三地，因此這時候就要以方便力出，以方便道來超破初地的般若執，所以叫做方便破初地的般若執，這就是方便次第。

上次講九次第定時，提到三果聖人也可以入九次第定，但是他沒有證四果。為什麼？就是他在最圓滿的滅盡定時，只是伏住貪而沒有斷除貪，在類似涅槃境界的定境裏面貪著安樂，沒有離去，所以會有這樣的情形。所以說「修證現空空中證」，要全部徹底所證才可以，所以無相無得無所有。

當我們「修證現空空中證」，這是空三昧、或是空解脫門。「無相無得無所有」，這是菩薩的無相解脫門。接下來的「悲願廣大無願中」，悲願廣大要度一切廣大無邊的眾生。什麼叫廣大悲願？就是無緣大悲，無緣的大願，就是無願。你面對一個東西，不是一定要希望它是什麼，這就是無緣大悲願，所以「悲願廣大無願中」，是無願三昧。

菩薩悲願金剛不壞，是無間次第，相續不斷的大願。你們有沒有相續不斷的大悲菩提心呢？可以自己檢查看看。這是我一直在強調的一個最重要基礎，要無盡相續的大悲三摩地，也是悲願廣大。悲願廣大不為任何因緣所壞，因為悲願廣大，菩提心相續不斷。只有這樣才能夠成佛圓滿，沒有比這個更快了的，利用這個來修一切法，都能成就。我不相信沒有這個廣大悲願，而能夠修大圓滿的，這是不可能的事情。如果說沒有廣大悲願而去修大圓滿，他所成就的都只是阿羅漢而已。沒有悲願廣大，沒有這樣一個甚深境界，去修習禪宗，還是阿羅漢，即使修大手印，還是阿羅漢，修本尊三摩地，也還是阿羅漢。

阿羅漢可不可以現起佛身？可以，他可以觀想，可以變化。外道都可以現佛身了，何況是阿羅漢？但是他現起的不是佛，因為他沒有悲願廣大。以前有一個阿羅漢很厲害，有一個魔王做了壞事，被他抓到了。因為阿羅漢很懷念佛陀，於是就說：「魔王，你以前看過佛陀，你也知道佛陀的樣子，我很懷念佛陀，你現出佛陀的身相讓我看看，好不好？」魔王答說：「可以啊！我現給你看，但是你不能禮拜我，你一拜我，我就慘了。」阿羅漢連忙說：「好好好！我不拜你！」結果魔王一現起佛陀的相，阿羅漢忍不住就伏身禮拜下去，此時魔王所化現的佛身就爆炸了。所以魔王、阿羅漢當然可以現佛身，但是問題在於：不是就不是。由此所以我們知道悲願廣大才是真正的菩提大道，一切圓滿佛身三十二相，永遠相續不斷的金剛根本就是大悲。

大悲是成就三十二相的根本，而本尊三摩地是外圍的，大悲是實質內容，本尊觀是外面的包裝。以金飾來說，如果有相續不斷的大悲菩提心的話，裏頭就是純金，否則充其量也只是鍍金而已。所以有大悲菩提心相繼不斷，諸如氣脈明點等等修行才能夠成就。

在《密宗道次第廣論》中，宗喀巴大師在天瑜伽修法上的講法略嫌不足，因為他只講空三摩地再加本尊三摩地，這樣不夠，應該是如幻三摩地加上本尊三摩地。空跟如幻三摩地還是有差別，因為如幻三摩地裏面是大悲如幻，如幻三摩地一定是由大悲來的，空加大悲才有如幻，如幻三摩地加上本尊瑜伽，這樣子才能夠成具真實圓滿佛身，這一點很重要。空三昧只是基礎而已，沒有大悲所行，體性上就不具足。所以「悲願廣大無願中」，空、無相、無願三三昧都有了。

接著在這邊特別把無作提出來：「無作妙力不涅槃」，無願三摩地是具足無作妙力。無作妙力用以度眾生，所以不涅槃。

「大悲如空如無相，無願大悲住本然。」什麼是大悲？空愈大、悲愈大，這是初所修。中所修是什麼？大悲如空，修如幻三昧，所以空起大悲是如幻三昧，大悲現空也是如幻三昧。最後，什麼是大悲如幻的圓滿？就是大悲即空，空即大悲。這是體性三昧，說明了這三種次第，如此你們就可以分別了。所以大悲如空，就是無相，就是般若，就是實相，就是究竟菩提。所以大悲如幻三昧在體性上就是金剛三昧，相是海印三昧，用是首楞嚴三昧，體、相、用具足，這三個三昧就是佛三昧。

大悲就是空，就是無相，一個講的是體，一個講的是相，而用是無願，所以說：「無願大悲住本然」。空、無相、無願這體、相、用都具足了，大悲又回住本然的體性。從前至後形成一個圓的情況，從大悲出生，終於大悲，是一個迴旋，這「大悲如空如無相，無願大悲住本然」本然現起本性。

「圓頓行人無為悲，甚空無相如次第，無願次第圓頓行，本覺道圓頓始覺。」圓頓行人生起了無為的大悲，「甚空無相如次第」，從無為的大悲裏面，生起甚寂空境的無相，而現起如相、實相、無異相，所以這次第本身不是真的有次第，而是緣於眾生的需求講出的次第法，所以是甚空無相如次第。「無願次第圓頓行」，在空、無相、無願這樣的圓滿境界當中，次第本來已經是在體性當中消融的，但是以大悲心的緣故，所以才示現這樣子，因此它是圓頓行。所以說「圓頓行人無為悲，甚空無相如次第，無願次第圓頓行」。這還是一個圓圈。「本覺道圓頓始覺」，本覺道圓滿頓然現起始覺即是子母光明相。

「見、修、行、果大空中，無相寂滅本初後，無願無滅大菩提，廣大體性自加持。」大空不是小乘的空，是菩提大空，是佛的大空，也不是真俗二諦的空，而是一切法界現空的空。所以這是果位的大空。但是從果位大空看來，見、修、行、果都是果位大空，所以「見、修、行、果大空中」。這大空就是大悲、大菩提心、大般若、究竟菩提。「無相寂滅本初後」，「無相」是甚深無相，是法界無相、是諸佛無相，所以無相寂滅，寂滅就是無相。無相寂滅本然，不管初中後都是圓滿的無相寂滅。無相寂滅，本初是如此所以初中後都是圓滿，初中後都是這樣，所以本性寂靜寂滅。無願是不斷地作用，不涅槃時候的作用，能夠相續無願悲力對眾生，所以是「無願無滅大菩提」。

「見修行果大空中，無相寂滅本初後，無願無滅大菩提」這三句是講果位，果位就是圓滿初位。所以當我們這樣子體會的時候，這體會就是「廣大體性自加持」。在剎那間我們知道這是自加持。最近我所要講授的「自性上師」法門，是自性上師自加持，相應於這句話，不是用上師的相現起，而我們能夠這樣理解就是廣大體性自加持的圓滿。所以我們要常常自加持，而自加持是對法界甚深的體會。

以上是聽聞三三昧禪觀的大眾。這裏面對小乘的修行人、對菩提行菩薩行的修行人、對圓滿果位的圓頓修行人，這三種對法眾都圓滿。廣義而言，一切眾生都是我們所要宣說教化的。

三、發心修學三三昧禪觀

體性無滅大悲心，無緣無相菩提心，無願妙作大威力，大空因果無生境。
實相善修三摩地，無為次第三三昧，圓頓現成金剛心，究竟菩提佛妙行。

全佛發心體圓頓，本修妙證無所得。

再來說發心，發起菩提心：「體性無滅大悲心，無緣無相菩提心，無願妙作大威力，大空因果無生境。」我們要生起的是一個體性無滅的大悲心。我一直在講這個大悲、菩提心，有些人的看法可能是：「講來講去都只是這個嘛！好煩喔！」而第二種看法是：「我們好有福德！有這個老師隨時隨地跟大家講這個重點，提醒大家自身有這個東西。」有第二種想法的人比較少吧！但是我還是不斷地提醒，因為這就像是百姓日用而不知，是我們日常生活中的東西。所以每天我們是陪著體性、悲心吃飯睡覺的，這比如影隨形還厲害！沒事就放在心裏面，但是又常常不知道它在哪裏。

你們呢？看看自己口袋裏體性無滅的大悲心在不在？不要忘記了，反而去外面找。外面找不到的，這是家裏的事情。當然我也要鼓勵你們找出來，因為你們找出來後自然會對我比較慈悲一點。這是有陰謀的！叫人家成佛的話，自己就比較輕鬆一點嘛！總不能教出一堆魔王，表示自己很厲害，來找自己的麻煩！這是很累的。不如教出一大堆佛來，對你慈悲一點，這是多麼過癮的事情！所以人要自私一點，最自私的方法就是讓眾生成佛。換句話說很多人都不會自私，一般被認為自私的人都是去陷害別人，然後人家會反擊你，會想盡辦法來傷害你，即使人家這一輩子不知道是你害他的，但是總有一天會等到你的嘛！這種人是顛倒夢想。知道實相的人，決不做這種事情，因為他知道現在害別人，別人有一天一定會找麻煩的，不是這輩子就是下輩子、下下輩子，所以做這種傷害別人的事情幹什麼呢？這是很不自私的行為嘛！

「體性無滅大悲心，無緣無相菩提心」無相菩提心乃是無緣大悲的菩提。知道無緣才有無相，無緣才能夠遍一切眾生，為一切眾生發起相續不斷的菩提。無願妙作大威力，接著是無願廣大的妙作用具廣大威力，但這些皆是大空的因果無生境。法界的因果是大空因果，無生無滅才是真正因果。所以即因即見即行即果，大空因果無生境。這些三昧修法的句子，沒有加持力是寫不出這些偈頌的。

「實相善修三摩地，無為次第三三昧，圓頓現成金剛心，究竟菩提佛妙行。」我們在實相當中，所以不執著而努力修持，修之因、修之行、修之果，都是現空，所以說是在實相中修。而實相善修三摩地也就是無修。無為而生起次第，本來次第是虛空，所以說「無為次第」。「三三昧」是有次第的，但是在體性當中所以也是無為的。因此說「實相善修三摩地，無為次第三三昧」。「圓頓現成金剛心」，圓頓現前成就我們的金剛心，也就是金剛不壞之體性、金剛薩埵的圓滿心。金剛薩埵是金剛不壞的有情菩薩眾，就是佛境菩薩行的一個相，因為它代表佛的教法，而佛住於涅槃，住於圓滿境，但是他的大悲相續不斷，由金剛薩埵來教化。所以《楞嚴經》中說：「上與十方諸佛同一慈力，下與一切眾生同一悲仰。」這就是金剛薩埵，所以金剛薩埵不是一尊相的顯示，只是大家把菩提心以一個相來代表，其實它代表的是一切菩提、大悲。就像說所有的菩薩行都是以普賢菩薩來代表一樣。所以體性上用金剛薩埵代表，在密相上顯現。

我們來看看觀世音菩薩修耳根圓通法門，豁然得證「上與十方諸佛同一慈力，下與一切眾生同一悲仰」，這是圓頓現成。佛入涅槃境，但是其實他的悲心密用在此也是流露出來。

「圓頓現成金剛心，究竟菩提佛妙行」，首楞嚴三昧也是這樣出來的。佛在十方世界現前成佛，這是首楞嚴三昧。佛又現起文殊菩薩、又現起觀世音菩薩等果位菩薩倒駕慈航，這就是首楞嚴三昧的能力。依首楞嚴三昧而言，所有諸佛倒駕慈航都是此三昧的威力，就是大悲作用。所以空悲不二境界現起，勇健不壞。所以為什麼講體相用？佛之用、佛之相、佛之體，其實三個是一個。所以「圓頓現成金剛成」，明瞭「究竟菩提佛妙行」：究竟菩提是圓滿菩提，這是佛陀的妙行妙作用。

「全佛發心體圓頓，本修妙證無所得。」我們依整個全體法界一切眾生現前成佛的全佛發心，依全體來發全體，依法界心來發法界心，所以體性是至圓至頓。而我們所修是本修妙證，妙證是無可證，本修是無所修，所以本修妙證無所得，依無所得故，得阿耨多羅三藐三菩提。

大家不能一發心就離了根本，「我發菩提心」，所以「我修菩提行」，修一修，忘記前面那個菩提心是什麼，又回頭看一看，這樣子已離根本，是不行的。所以菩提心的因、道、果是一如的，隨時隨地都是相住的。這個話大家要弄清楚，否則就會剛剛發好大的心，等一下就覺得好累，於是又暫停一下，如果是這樣的話，這個菩提心就是有為法，這就不是勝義菩提心了。大家對於發心要這樣善加體會、善加成就。

四、修學三三昧禪觀的正確見地

現見法界體大空，無方圓所離三世，我與我所現前空，非修所證體本然。
無相法爾現前境，遠離能所二執中，體寂無可執著者，亦無無相無可得。
無願大悲實相界，無作涅槃無可住，方便等持離因果，如來所行現全佛。
圓頓現前三三昧，現見現修現行果，污染不得無修證，生佛法界不可得。

有這樣發心之後，再來看見地：

「現見法界體大空，無方圓所離三世，我與我所現前空，非修所證體本然。」我們來觀察這法界，現前觀察這廣大法界，體悟大空。「自受心法」，這我空是小空，法空是中空，佛法現前，整個法界現空，這是大空，橫攝十方三世，這叫大空。所以大空不是我空、法空而已，是整個十方三世、乃至心、心所，一切法界都空，叫大空。所以「現身法界體大空」，大空的話，我了知證也是空，所了知是空，了知的作用也是空。什麼是大空？就是實相般若。實相有多廣大？臥輪禪師曾說：「臥輪有技倆，能斷百思想，對境心不起，菩提日月長。」六祖惠能大師聽了就說：「這個法是縛人的法。」所以他說：「惠能無技倆，不斷百思想，對境心數起，菩提這麼長。」這麼長，有多大？不知道。所以，「大空」，你們不要去想多大，我們在觀想時會想：是很大很大很大的，但是這個觀察是方便次第，是廣觀，廣觀攝一切法界。廣觀之後還要斂觀，攝至最小。而廣狹無礙，現前法界才是。像陳健民上師講「法界大定」時說：「觀想廣大而無邊無際的圓球」。我想如果廣大無際無邊的話，大概不用圓球了吧！有圓球就有圓球的上面、下面、外面、中間，就有固定的圓心。而一個廣大無際的法界，每一點都是中心，也都是法界的邊緣，要這樣體會。

所以，體會大空、體會廣大法界，最困難的地方在哪裏呢？不是你思想要想多大，而是反求心裏面，看看到底我思想上有什麼障礙，把自己的障礙全部斬除了，整個法界就現前，全部現起了，心沒有障礙了。所以，障礙不在外面，是在裏面，裏面不成就的話，去想外面幹什麼？那些觀法只是方便，好讓你能摸索，否則總覺得廣大無邊不存在。但如果修到最後，會發覺原來不是那一回事，是我心裏面有障礙才不空；心裏面沒有障礙就大空了，所以「現見法界體大空」。「無方圓所」，沒有方圓、沒有所在，遠離三世，遠離時間、空間，三世十方同時炳現，這是《華嚴經》裏面，直接顯現海印三昧，十方三世同時顯現。其實十方三世不夠的，不是只有十方（空間）三世（時間），在《華嚴經》裏不是只講十方三世，只是一般來講十方三世大家比較能夠體會。十方三世從哪裏來的？從你的心來的。所以還要加上「心」。但是寫「十方三世，所有心同時炳現」，很奇怪，所以就說「十方三世同時炳現」，這只是一個解說，其實連你的思想、你的心理……種種所行、法界所現起的境界，都是同時炳現的，但是用時間、空間來說明做為方便。像《法界大定》裏面講的「一念萬年去」，一念怎麼萬年去？一念萬年去好像也不夠，萬年很短的！所以這句話其實不用，那麼怎麼去？就是這樣子去。「法界大定」其實是很好的禪觀，前面只是我個人一點小小的看法，說不上批評。

「我與我所現前空」，我、我所有一切都是空的。「非修所證體本然」，既是我與我所現前空，修行證果就不是修，也不是所證，是體本然。這是什麼意思呢？不是我們好厲害，已修得「空」了？不是的！這空是體性本然，只是我們現在發現而已，而且連發現也不離空。我發現是「我」，發現空是「我所」，我、我所這兩個還是空。不然的話，你有一個「空」的東西，那個東西要用多久？這是一個問題。這四句是講空：「現見法界體大空，無方圓所離三世，我與我所現前空，非修所證體本然」。不要以為空是你所修出來的，如果是修出來的「空」還會為因緣所壞。如此體會才是對的，這是空見，空的見地。

再來是無相的見地：「無相法爾現前境，遠離能所二執中，體寂無可執著者，亦無無相無可得。」其實無相是法爾現前的眾境，不是離於現前這世界而另有無相可得。無相如果有一個無相可得，就變成有一個叫「無相」的相在。所以，無相是現前這些眾境叫無相。如何無相呢？遠離能所執著這些眾相的話，就是無相。體性寂滅，相是如幻，是真的無相。體性是寂滅，沒有可以執著的東西，這才是真的無相。體會真的無相的時候你才知道：也沒有無相。「亦無無相無可得」，真的是無可得，所以無眼、耳、鼻、舌、身、意，無色、聲、香、味、觸、法，無眼界，乃至無意識界，無無明，亦無明盡，乃至無老死、亦無老死盡。這是要破回來的，因為它怕你又執著了。老死是俗諦，無老死是真諦，亦無老死可得，是真俗二諦同時泯滅的中道第一義諦。中道實相觀就是在這邊，也就是《心經》裏面的道理，把《心經》裏面的道理統攝起來來觀察世間，也是如此的。所以「無相法爾現前境，遠離能所二執中，體寂無可執著者，亦無無相無可得」就是這個道理。

再講無願。「無願大悲實相界，無作涅槃無可住，方便等持離因果，如來所行現全佛。」以大悲來顯現法界的實相，這是無願的根本。「無作涅槃無可住」，起大悲無作妙力，涅槃亦無可住。為什麼叫做無作？是體性上無執，作用上面沒有限制。你有所作、有所願於某事，就被執了，所以無願是根本廣大、無邊無際的大願。去除一切侵擾，而生起整個大悲作用的實相，是無願大悲。這樣的境界現起之後，「方便等持離因果」，我們因為大悲而依方便妙行來修行三摩地。所以《大日經》說：「方便是究竟」，依方便妙行修行三摩地，行無願等持三摩地，這無願等持三摩地是在體性中所修，無作涅槃是遠離一切執著，所以是遠離因果相對待。「離因果」不是「無因果」，因果這個因緣是如實的，只是因果中間無實體，所以說離因果。

「如來所行現全佛」。無所從來、無所從去叫如來。一切妙行是無所從來，無所從去，一切妙行現前全佛。

「圓頓現前三三昧，現見現修現行果，汚染不得無修證，生佛法界不可得。」空、無相、無願這三個見地是「現見現修現行果」：見、修、行、果現前就是了！汚染不得也無修證可得，所以眾生、佛陀、法界都是不可得。就如同《文殊般若經》所說的：一切諸佛，在廣大法界當中，發起無量的廣大悲心，救度無量的眾生，如是滅度一切無量眾生之後，實無眾生可滅度。所以眾生界不增不減，諸佛界不增不減，法界不增不減。對整個法界而言，沒有眾生輪迴，也沒有佛成就。但是對我們而言，我們是有煩惱的，那麼就趕快修行成佛，成佛之後沒煩惱了，那就是沒有煩惱了。你不用再想到底成佛了或是沒有成佛？這不重要了，因為你已經成佛了。

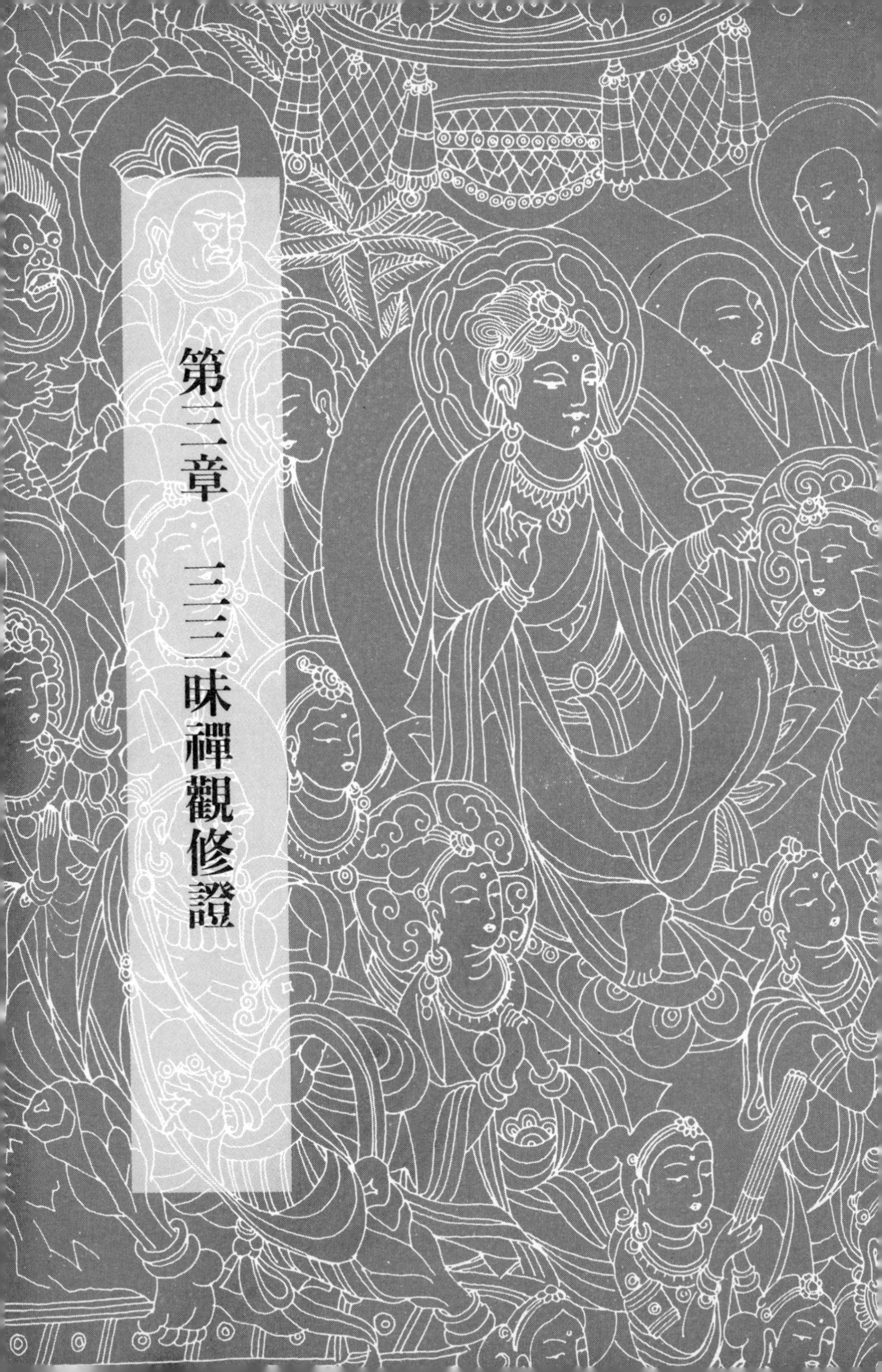

第三章　三昧禪觀修證

第三章　三三昧禪觀修證

一、三三昧和三解脫的意旨

三昧行法證無漏，無餘涅槃解脫門，身心現前得離苦，涅槃妙因定相應。
正見正思惟入定，定發無漏正見智，非智不禪三三昧，正定大王智大臣。
正定如實生正見，正見善發真無漏，非禪不智三解脫，智慧大王正定臣。
三昧伏道解脫證，三昧解脫定慧合。

第一先講「三昧解脫義」。就是三三昧跟三解脫的意旨。「三昧行法證無漏，無餘涅槃解脫門，身心現前得離苦，涅槃妙因定相應」，三三昧的行法是要證得無漏，是入於無餘涅槃的一解脫門。修持這個法門，能夠使我們的身、心現前得離苦，這是涅槃的妙因與定相應。以上是說三三昧及三解脫的定義。

「正見正思惟入定，定發無漏正見智，非智不禪三三昧，正定大王智大臣」，這是三三昧。「正定如實生正見，正見善發真無漏，非禪不智三解脫，智慧大王正定臣」，這是講三解脫法。「三昧伏道解脫證，三昧解脫定慧合」，什麼是伏道呢？是三昧修行的過程，是降伏煩惱的次第道；三解脫門是證得。三昧是因，解脫是果。「三昧解脫定慧合」的另外一種說法，就是說三昧跟解脫二者，一個是定，一個是慧，以定發慧，以慧發定，這兩者實是合在一起的。

「正見正思惟入定，定發無漏正見智，非智不禪三三昧，正定大王智大臣」，這是以三昧為基礎來攝三解脫。「正定如實生正見，正見善發真無漏，非禪不智三解脫，智慧大王正定臣」，這是以三解脫為基礎來攝三三昧。「三昧伏道解脫證」，三昧是伏道，解脫是證得，一個因一個果。「三昧解脫定慧合」，是講三昧與解脫是一定一慧，兩個是一體。譬如香爐，一個是讓我們聞香的，以香來顯爐；另外一個以爐來講，它是來容納香的。再來，對香爐而言，香、爐是一體的，三三昧與三解脫的關係也是同樣如此。

我們以《雜阿含經》卷二來講說，這是講三三昧比較根本的經文，在《雜阿含經》第八〇經。

如是我聞：一時佛住舍衛國祇樹給孤獨園。爾時世尊告諸比丘：「當說聖法印及見清淨。諦聽，善思！若有比丘作是說：『我於空三昧未有所得，而起無相、無所有，離慢知見』者，莫作是說！所以者何？若於空未得者，而言：『我得無相、無所有，離慢知見』者，無有是處。

若有比丘作是說：『我得空，能起無相、無所有、離慢知見』者，此則善說。所以者何？若得空已，能起無相、無所有，離慢知見者，斯有是處。」

這段經文什麼意思呢？佛陀說，如果有比丘這樣講：「我沒有得到空三昧，空三昧沒有成就，但是我已經成就無相、無所有了，遠離一切慢心的知見。」佛陀說，不要這樣講，這是錯的！如果沒有「空」，然後說：「我得到無相、無所有，離慢知見」的話，這是不對的。

如果有一個修行人他說：「我已經得到空了，因為空的作用，所以能夠起無相無所有，遠離慢的知見」這才對。因為你得到空之後，從空中能夠起無相，因為空，所以看一切相都是無相的，所行一切是無所有，就是無作，而無所有就可以成就無願了。一個是體，一個是相，一個是用，無所有（無願）是用，空是體，無相是相，所以跟空、無相、無願是一樣的，這三者同時也是一體。一個是體——金剛三昧的作用，一個是相——海印三昧的作用，一個是用——首楞嚴三昧的作用，這三個是可以合而為一的。但是如果沒有得到體性根本，即使有相、有用，這也是沒意義的。若說沒有空能夠無相，這是無有是處的，沒有空，怎麼無相呢？所以這裏次第的顯現，我們要了解清楚。

「云何為聖弟子及見清淨？」佛陀問：什麼是聖弟子？什麼是見清淨？比丘對佛說：「佛為法根、法眼、法依，唯願為說！諸比丘聞說法已，如說奉行。」佛陀是法眼，是法根，是法所依，比丘聽法之後，會如說奉行。

佛告比丘：「若比丘於空閑處樹下坐，善觀色無常，磨滅、離欲之法。」，比丘到空閑的地方，在一個阿蘭若處修行，在空閑處的樹下坐，要善巧觀察色是無常。看到這些我們就知道：原來空三昧的修法，在以前也有修過，即四念處：身、受、心、法，這也是修三三昧；修不淨觀，也是修三三昧，因為這會讓你對所有的執著都淡除掉。

空，就是你對一切不執著，所以我們前面所修的禪觀其實都是做為空三昧的基礎。「善觀色無常」，觀察體悟色是無常，會磨滅的，這樣的話，我們怎麼會去執著呢？因此就會遠離欲望，所以這是離欲之法。如是之後我們觀察受、想、行、識也是如此，色是如是，所以受、想、行、識也是無常磨滅、離欲之法，亦即色、受、想、行、識都是無常、離欲、磨滅之法。

觀察五蘊是無常、磨滅、不堅固，是變易法，所以心樂於清淨解脫，這叫空。這樣大家對「空」就更清楚了。觀察色、受、想、行、識這五蘊是無常、磨滅、離欲之法，心樂於清淨解脫，這是觀自身之空，觀我空、五蘊空。五蘊空是空的基礎，五蘊觀空不執著之後，才看外面。我空了，我所有才空。

如果有人說：「我不空，但所有的東西都是空、無常，所以全部享用。」。這是無有是處的。所以五蘊空是基礎，但是不能夠執著只有這樣子，要「我空、法亦空」，我空，然後觀法亦空，再觀整個法界都空。這是修空次第。小空、中空跟大空都具足了才圓滿。觀察五蘊無常、磨滅、不堅固、是變易法，心樂清淨解脫是空，這是根本。

「如是觀者，亦不能離慢知見清淨，」有些人這樣觀察就成就了，但是有些人這樣子觀察之後，還是不能夠遠離慢心知見清淨。遠離慢心後，還執著知見清淨，對知見清淨生起慢心，就是執著於清淨的境界慢，即不能離知見清淨的慢心。這句話這樣講比較好點，也有其它的解說認為是：不能遠離慢心，所以不能知見清淨。「不能」是來否定「離慢」、跟「知見清淨」。但是原句好像不是這個意思，應該是還不能遠離這知見清淨的慢。因為這一步是已經經過前面的觀察，修行已有些成就，所以不是停留在知見不清淨上，而是因為你心樂清淨解脫，結果執著在這清淨解脫裏面，然後生起了慢心，這樣解說才合理。

我們可以從語言的三種境界來觀察，一個是「邪見語」，這是一般眾生；修行有一點成就了，就是「慢心語」；反破回來才是「清淨語」。如果現在大家心樂於清淨解脫，你執著這個空境為清淨，變成你的慢心了。就如同我們以般若去破除一切分別、煩惱障礙，結果卻執著般若，所以要以方便力來解脫空，這就是為什麼《金剛經》前面是般若道，後面是方便道的原因。講般若道，而你執著你的成就、清淨，結果變成執著在那裏面，所以要用方便道再破除。這是很好的教法，大家應該好好看看。

「復有正思惟三昧」，三昧是禪定，正思惟三昧，告訴我們：其實禪觀是可以思惟的，正確地思惟也是一種禪觀。「觀色相斷，聲、香、味、觸、法相斷，是名無相」色、聲、香、味、觸、法相都要斷，這叫做無相，剛剛是色、受、想、行、識五蘊斷，現在是色、聲、香、味、觸、法六塵斷，是外境，是六塵法相斷。這兩者相輔相成，斷外境可以幫助自身的斷除，這是無相。

「如是觀者，猶未離慢知見清淨」，這樣觀察、正思惟，如果還沒有離慢知見清淨的話，就要「正思惟三昧，觀察貪相斷、瞋相、痴相斷，是名無所有。」貪、瞋、痴相斷了，叫「無所有」，這是無願的根本。所以無作、無願的根本，就是貪、瞋、痴三毒斷。

「如是觀者，猶未離慢知見清淨」，如果這樣觀察思惟仍未離、斷，那怎麼辦呢？「復有正思惟三昧觀察我、我所從何而生。」我們看到偈誦見地部分的第三句寫的就是「我與我所現前空」，就是這樣的道理。修行人如是觀察之後，再用這正思惟三昧思惟觀察我、我所從何而來？「從若見、若聞、若嗅、若嚐、若觸、若識而生」，「我」是從見、聞、嗅、嚐、觸、識這六根六識出生。「復作是思惟，若因若緣而生識者，彼識因緣為常？為無常？復作是思惟：若因若緣而生識者，彼因彼緣，皆悉無常。復次，彼因、彼緣皆悉無常，彼所生識云何有常！無常者，是有為行，從緣起，是患法、滅法、離欲法、斷知法，是名聖法印知見清淨，是名比丘當說聖法印知見清淨，如是廣說。」現在思惟：如果觀察我、我所是從六識所生，由各種因緣又生六識，這識的因緣是常或無常？因為因、因為緣而生識，所以說因緣都是無常。彼因彼緣是無常的話，我們的識怎麼會是有常呢？生起的因緣是無常，我們的識怎會是有常？因為是無常，所以是斷、滅、離欲之法，也叫做「聖法印」，也叫「知見清淨」。所以後來的三法印跟這個三三昧是有關係的，可以一起來觀察。

先講《雜阿含經》對於空、無相、無所有三昧的因緣，現在我們再回來講偈頌中修證的第一部份：三昧解脫義。「三昧行法證無漏，無餘涅槃解脫門，身心現前得離苦，涅槃妙因定相應」，這是講三昧解脫義。這一段，我們可以把《大智度論》裏面的要義攝進來，《大智度論》卷二十言：「三解脫門，佛說名為三味」，這是把三三昧跟三解脫門視為同一。

問曰：「今何以故名解脫門：」

答曰：「行是法得解脫，到無餘涅槃，以是故名解脫門。」

為什麼叫解脫門呢？因為行三三昧的法，能夠得到解脫，到達無餘涅槃的境界，所以叫做解脫門。「無餘涅槃是真解脫，於身、心苦得脫」，使身、心的眾苦能夠得到解脫。所以我在偈頌說：「三昧行法證無漏，無餘涅槃解脫門，身心現前得離苦，涅槃妙因定相應。」三昧行法是證得無漏、無餘涅槃的解脫之門，解脫像門一樣，開了，就進入解脫了，身、心能夠現前得離苦，這是涅槃妙因以定相應的緣故。

為什麼這樣講呢？在《大智度論》裏面又說：

「無餘涅槃是真解脫，於身、心苦得脫，有餘涅槃為作門。此三法雖非涅槃，涅槃因故，名為涅槃。世間有因中說果，果中說因，是空、無相、無作，是定性，是定相應心心數法，隨行身業、口業，此中起心不相應諸行合和，皆名為三昧。譬如王來，必有大臣營從，三昧如王，智慧大臣，餘法如營從。餘法名雖不說，必應有，何以故？定力不獨生，不能獨有所作故，是諸法共生、共住、共滅、共成事，互相利益。」

這邊是說以有餘涅槃為作門，無餘涅槃是真的解脫，有餘涅槃是進入無餘涅槃的門徑。而三三昧這三法雖不是涅槃，但卻是涅槃因，所以說涅槃妙因。空、無相、無作這三個是定性，是屬於定，這定相應我們的心與我們心所屬的法，相應我們所有的心意識，我們的身業、口業與之隨行。

所以，心為主，隨行身語意等三業，是三業相應。從這樣子起的一切因緣，叫做三昧。「譬如王來，必有大臣營從」，三昧是大王，智慧是大臣，證得三昧成證智慧之後，周圍附屬的法必定會跟隨而有的，雖然沒有全部說出來，但一定是有。這些諸法共生、共住、共滅、共成事，互相間得到利益。所以我說：「涅槃妙因定相應」是來自於此。

再回來看偈頌：「正見正思惟入定，定發無漏正見智，非智不禪三三昧，正定大王智大臣。正定如實生正見，正見善發真無漏，非禪不智三解脫，智慧大王正定臣」，這是來自《摩訶止觀》裏面所講的。「三昧伏道解脫證，三昧解脫定慧合」，也是依《摩訶止觀》來說的，《摩訶止觀》則是依《大智度論》來說。所以三昧如王，智慧如大臣，即是「正定大王智大臣」。《摩訶止觀》裏面說：如果從正見、正思惟入定，從定發起無漏解脫，這時候，正見的智慧叫做大臣，正定是大王。「如果依此，得名非智不禪三三昧」，就是這個意思。

我們依正見來修行，到正思惟，入定了，從定中發起無漏。因為定生無漏，所以定變成是大王，正見是導引，好像是個先導，所以正見的智慧是大臣。正見、正思惟為導來入定，由定發起無漏，來證見智慧。這也就是非智不禪，沒有正見智慧為導就不能生禪定的意思，這樣是三三昧，是正定大王，智大臣。

再來，如果從正定生起正見，從正見發起無漏，這時候正定是大臣，智慧是大王，從此得名「三解脫」，非禪不智，即是此意。正定開始為導引，禪定時，觀正見智慧，從正見智慧發起無漏，這正定變成是引發的大臣，智慧則是產生無漏的大王，所以這叫三解脫。以智慧為根本，為什麼叫根本呢？若智慧直接引發無漏，則智慧為根本；若正定引發無漏，則正定叫根本。以智慧為根本叫三解脫，以正定為根本叫三三昧。三解脫偏於觀門、慧門，三三昧偏於定門。正見來引發正定，由正定體無漏智慧解脫，這屬於三三昧，雖然它是以正定為根本，但就另一個角度而言，沒有智（正見），就無法引生正定之王，所以又說：非智不禪。從定來引發智，從智生起無漏，這是三解脫。雖然這是以智慧為根本，但另一方面，沒有正定就無法產生智慧、正見，所以叫非禪不智。因此三解脫門是「正定如實生正見，正見善發真無漏，非禪不智三解脫，智慧大王正定臣。」

在《摩訶止觀輔行傳弘決》裏面說：「三解脫從慧，三昧從定，於空等上，立二名者，由二種人入無漏義，故有三昧三脫不同」。這邊是說：如果三解脫是從智慧來的，三昧是從定來的，空、無相、無願這三者，之所以又別立兩種不同的名稱，是因為有兩種人，有兩種入無漏解脫的路徑，所以才有三昧、三解脫的不同。以親入無漏者為主，旁助發者為臣，一種是從慧發定，一種是從定發慧，而三三昧是從慧發定，三解脫門是從定發慧。

我們看偈頌：「三昧伏道解脫證，三昧解脫定慧合。」三三昧是伏道，三解脫是斷道正道。前面的兩種說法一個是以慧發定證於無漏，一個以定發慧證於無漏。第三種是：「三昧是伏道，解脫是斷道證道。」所以三昧變成因，解脫變成果，兩者都同為涅槃之意。如就解脫的涅槃來講的話，三昧是因，解脫是趨於無漏之前的道門，涅槃才是果。有時候又是講三昧跟解脫是相合的：就如《摩訶止觀》裏面講：「或可定慧合故，三昧是解脫，解脫即三昧。」不管是依定來講慧，或是依慧來講定，定慧本來是一如，所以依定而言，是三三昧；依慧而言，是三解脫；依定慧一如而言，則是三昧三解脫。

三昧屬定，是等持意，但是菩薩三昧只是屬於定而已嗎？不是，菩薩三昧裏面有慧觀，也有悲心，所以它是等持的妙用，平等持心，定慧等持，到最後，行住坐臥皆在禪中。為什麼這行住坐臥可以在三昧中？那不是行住坐臥都入定了嗎？不是，是行住坐臥中，心都安住在最恰當的狀況。所以說隨意三昧，隨自意三昧，或是說隨時隨地都能夠覺察心，這也是三昧，隨時不入於煩惱，也是三昧；我們在行住坐臥當中都恰當地行止，所行不多不減，都恰如其分，這是中道三昧，是很不得了的！這是定慧等持的功夫。任何事情來了，我們心都不亂，這是定；任何事件發生的時候，我們能夠判斷最恰當，這是慧。任何事情出現的時候，我們都能悲心相續，這是悲三昧。定慧等持，又具足悲心，就是菩薩三昧與其他三昧的特異點所在。以上是三昧解脫義從各角度的說明，希望可以讓大家有更圓融的了解。

二、三三昧釋名

理寂現空體無生，涅槃妙法離十相，妙絕眾相名無相，無貪無求無願樂。
無有作用無集起，生死行相不可得，無願無作亦無起，如實了知三三昧。

接下來是釋名，我們引《大乘義章》來講三三昧的名。先明偈頌：「理寂現空體無生，涅槃妙法離十相，妙絕眾相名無相，無貪無求無願樂，無有作用無集起，生死行相不可得，無願無作亦無起，如實了知三三昧。」三三昧是什麼？就是所謂空、無相、無願。

先講空三昧，空是什麼？理寂現空，理體是寂滅。這是《大乘義章》所講的，但是我們所說的是超越這個，因為在《大乘義章》裏面講：正謂空者，就理彰名，理寂名空。空就是從理彰名，理寂就名為空。我們一切現象之中的理，了知它是寂滅的，叫做空。但是，這個解釋只是一部分而已，如果依圓頓止觀的立場來講，這個解釋是不夠的，因為它只講理而已，而我們現證是空。雖然我引很多經論來解說三三昧，但是我們的立場是圓頓的立場，這是要講清楚的。而且我的說法是前後一貫，不會因為引用經典的不同而混亂。

回來看偈頌：「理寂現空體無生」，理是寂滅，現前現空是相，空的體性是無生，所以說當下即是無生，即是寂滅，即是現空。空，有體、相、用，而體相用三者都是空，但是現在總名為空。所以，空、無相、無願三者，可以分別是體、相、用，但是皆同樣是空，同時空也是體、相、用三者。所以說「理寂現空體無生」。如果對這句話能夠明義而實然地了知，那麼這就是文字般若，體悟「理寂現空體無生」是一個實相般若，觀照這樣的實相般若，就是得到觀照般若，這三般若就是如此相應，三般若相應之後，就體悟了「理寂現空體無生」。這樣一句話是可以當作修行的口訣，也就是所謂的修觀口訣。

我們再看《大乘義章》：「就理彰名，理寂名空。」如果照這樣修持的話，是不是有所偏呢？因為你只知道理寂是空，就這樣而已，這有所偏頗的，如果用這方法來修，圓頓止觀是無法從中現起的。但是如果是「理寂現空體無生」，在剎那之間，是不是可以安住在理體相中圓滿，而且對一切境界都攝入空境？這樣才叫做大空，這是真實的大空。這大空跟十八空裏面的大空不一樣，而是整個法界現空的境界。「理寂現空體無生」，這樣的話，是體、相、用三者無所偏，這一句話就可以悟入空三昧的圓滿，口訣是這樣子用的。體認「理寂現空體無生」，如此在任何境界一念攝起的時候，例如我們看到香爐，看到它的煙生起來了。為什麼煙會生起來？體性寂滅故，體性寂滅而現前空故，體無生故，所以因緣所集，無相就現起，所以這現境是空。觀察每一個東西是空，何以故空？法界一切法得以成就故是空，空才能夠成就一切法，「空」不是沒有。如果只講「理寂」的話，是不夠的。

偈頌第二、三句講的是無相三昧。「涅槃妙法離十相」，《大乘義章》中說：「言無相者，釋有二義，一、就理彰名，理絕眾相，故名無相。二、就涅槃法相解釋，涅槃之法，捨離十相，故名無相。」涅槃是離一切相，故名無相。在《大乘義章》裏面是用這樣的方式來講：第一從理上來講，理是絕一切眾相，所以叫無相。但是就涅槃法相來解釋的話，涅槃的法是離十相，所以叫無相。而在我所寫的偈頌的下一句：「妙絕眾相名無相」，妙絕眾相不只是理，所以它跟《大乘義章》的「理絕眾相」又不一樣，妙絕眾相是在理事上面都能夠絕一切眾相，所以妙絕眾相名無相。而且這句話之前是先講「涅槃妙法離十相」，是代表連涅槃與世間都不可得。輪迴與涅槃只是眾相，是泯絕合一，所以包含在妙絕眾相，不像《大乘義章》是先說「理絕眾相」，再說「涅槃離十相」，所以這裏兩者的意思不同。

離十相是指哪十相呢？在《涅槃經》三十一卷裏面有「涅槃離十相」這一句話。這十相是指色、聲、香、味、觸，生、住、滅，男、女相。涅槃法是遠離色、聲、香、味、觸、生、住、滅、男、女的相對相。修行人不能被文字所執，「依文解字，三世佛冤，離經一字，是為魔說」，現在我請問大家：涅槃是離十相，這句話是肯定的，也沒有問題的。第二個問題是：涅槃只有離十相嗎？那就不對了！一切眾相總不會只有離色、聲、香、味、觸、生、住、滅，還有男、女相吧？為什麼要特別講男女相？如果是單細胞或單性生物的話，他們的涅槃要離幾相？應該是色、聲、香、味、觸、生、住、滅這八相，不需要離男女相吧？因為他們並沒有兩性的差別。所以這裏面很明顯的是：它提出離十相，最重要的根源，是要我們離心意識的執著，而這十相是人類這樣的生命體心意識所執著的十種外相，所以才特別以這十相來教導我們。涅槃離相的意思，是說有所執著的時候，要全部遠離，就是這樣的意思。

有些人看到「涅槃離十相」這句話，就一天到晚背、背、背，背這個沒有用的，背這個沒有辦法解脫的。你把涅槃離一百相、離一千相都背完，也沒有辦法解脫。

在這裏我要跟大家研究一個「離相之法」的修行經驗，這是我現在感覺到在緣起上最清楚的一次經驗，那是我在山上閉關的時候，有一次正在打坐，結果看到蛇皮掛在樑上。我那時候已經不怕死了，但是就怕蛇。如果有人不怕蛇，也用不著得意，因為你不怕蛇還是會怕很多其他的東西，很多人不怕蛇，就怕毛毛蟲。我有一位親戚，他身材魁武，又是武林高手，功夫很厲害。但是看到老鼠就跳到桌上去，驚叫不已，嚇得要命，每次都勞動他太太來幫他趕老鼠。

所以，你們不怕蛇的話，不一定不怕別的東西，有些人還不知道自己怕什麼，這是一個大問題。很多禪師是在幫助弟子找到最怕的東西，然後對症下藥來嚇唬你們，讓你能夠在此修行、超越。有的人怕刮玻璃的聲音，你一聽到連雞皮疙瘩都起來了。奇怪！那麼強壯的人，遇到他害怕的東西，或是跟他講兩句他所害怕的話，就嚇昏了。

那時候我在山上閉關，一看到蛇皮，當時心想：慘了！怎麼辦？也不知道自己在怕什麼，就是緊張害怕，想從床上跨下來離開，因為山上沒有電燈，只有油燈，外面一片漆黑，油燈閃著小小的燈光照過來，從床上看出去都是黑暗的，放鞋子的地方也很暗，所以一時之間連腳也不敢伸下去穿鞋，因為害怕腳一伸，蛇就躲在鞋子裏。怎麼辦呢？光是提那個脚就想了很久，想想看，真是境界啊！腳如果一被咬，就麻煩了，一個人在深山裏。如果一踏到冷冷的蛇，怎麼辦？想了很久之後，忍痛下決心伸下來。想想看怎麼辦？心想：「不行，怎麼可以這樣就被擊敗了！」於是就開始打坐，開始找我到底在怕什麼，一直找一直找。

「是怕冷冷的感覺嗎？」

「為什麼怕？」

「冷是什麼東西？」

「怕軟軟的感覺嗎？」

「軟是什麼東西？」

「或是怕瞋念？」

「瞋念是什麼東西？」

如此一直抓一直追。這樣想下去之後，會發覺自己的想像力真豐富哦！一個念頭接著一個念頭，繼起的念頭，又接著起一個的念頭：這樣子找、找、找，愈找愈細。為什麼會怕？一直找、一直找。找了差不多三天三夜，才豁然悟到：「啊！沒有什麼好怕的！」這麼一破，「轟！」，阿彌陀佛就現起了。但是問題又來了。阿彌陀佛現起是很好，但是當時我看到阿彌陀佛並不是很喜歡，因為我比較喜歡藥師佛。這下子事情又來了！這時候察覺到自己的心念，便馬上一念覺醒：「不對啊！我怎麼在分別？一切佛都相同，我怎麼會分別？」就這一念起來的時候，「啪！」阿彌陀佛整個光明大放，觀世音菩薩、大勢至菩薩都同時現起了。

我那時實在好高興！從此之後就知道佛經裏面讚歎佛、法、聖眾的偈頌是怎麼寫出來的，因為那時忽然間，你的念頭裏面完全沒有限制，一句一句的偈頌，自然而然的讚誦出來，一直讚誦，大概把過去所有的文字都組合起來，講三天三夜也講不完。那時候的那種境界，就是如此，如果把它寫下來的話，大概幾千萬字才可以寫完。所以我了解那種感覺、那種讚誦的感覺。當時一讚誦，阿彌陀佛、觀世音菩薩、大勢至菩薩、一切清淨大海聖眾，整個極樂世界都現起了，真的是海會聖眾，而且很清楚，像繁星一樣，整個廣大海會現起，真是很快樂。但是不知過了多久，我又察覺到：「不對啊！阿彌陀佛站在那裏，而我在這裏，佛、眾生無二無別，我們怎麼還會有分別呢？」忽然之間了悟自性彌陀，「啪！」整個極樂世界忽然之間消失，進入心輪，繼續入定。這是個很好很好的經驗。

尋找自己怕的是什麼，也是一種思惟觀察。從思惟觀察裏面，把最根本的恐怖毒找出來，我們貪瞋痴裏面最恐怖、最畏懼的毒抓出來。一直找、一直找，愈到後面會發覺愈恐怖，好大好大的恐懼抓著你，但是追尋到最根底的那個地方，似乎愈來愈細小，好像只是一條線粘著而已，只要把它剪掉，就都沒電了，但是還沒看到根源真相時，你根本不敢把它剪斷，因為前面那一層一層的恐懼正壓迫著你。從那次經驗之後，我就不怕蛇了，但是我不會去玩毒蛇。有一次去印度，看到弄蛇人的錦蛇趴在地上，我想實驗一下，就去摸蛇，讓蛇纏在我的手上，真的不怕了！還覺得很好玩啊！以前那裏敢？現在沒問題了，那時才知道這不只是理念上沒問題，事實上也是沒有問題了。

所以，涅槃離十相，要怎麼離？色是什麼？你就一直觀色是什麼。香是什麼？味是什麼？每一句話都可以把它觀成就，然後圓滿成就。為什麼禪師在禪堂上會問你：「呼吸的是誰？」讓你一直找，或問：「我是什麼？」但是這句問話大概被問爛了，已經差不多詞窮了，因為有很多人已經能有口無心的說：「我是空啊！」然後就沒有了，或是說：「我就是我啊！」或是以書上寫的禪門公案來說出固定的答案，這樣一問一答根本是沒用的。所以一般的思惟是沒有用，只有在你生死關頭的時候，在修禪觀修到一個程度，有些定力的時候，心很敏銳，才能發揮作用，透入你的心深處。如果在觸動心事之處，沒有定力的功夫也沒有用，起碼要到未到地定，否則也無法開悟。

如果是平常要大家起疑情，要正思惟，大部分的人一定會胡思亂想，那是慧和亂心合在一起，如風中燈，一吹就熄，所以沒有定力是無法作用的。慧，在沒有定力的住持下，最多只是靈光一現，像火花迸現，一撥就沒有了，沒有用了。所以要到某個程度的定力、智慧，兩相配合下才能有功用。

有人定慧修行到一個程度，忽然間禪師問：「你是誰？」不知道你們有沒有這種經驗，在禪堂裏面看到有人「我是誰？我是誰？……」這樣一直慘叫。忽然間那邊又一個人：「我是誰？我是誰？……」然後就跳起來，結果禪師「咱！」一巴掌打下去喝道：「笨蛋！」「喔！原來我是笨蛋。」那時候整個人都在「我是誰」裏面了，突然被這樣一點頓然斷之，截斷眾流，這時是會開悟的。當禪師在逼問你時，心裏面會像大浪一樣，疑情如浪湧起。不是讓你口頭上念念：「我是誰？」這有什麼用呢？而是那時候心的疑情像浪湧起一樣，就是這句話，一直找一直找，愈來愈深，忽然間，一個頓斷，「喔！」豁然開解，見到真面目，這就對了。

其實每一句話都可以參究，但是要看因緣。所以我們一生都在找自己的話頭，一句話就像箭一樣，一射中了，氣都斷掉了，人就定在那邊，不知道怎麼辦，也沒有辦法再走下一步了，脚也抬不起來，手也抬不起來，呼吸都呼不下去了，怎麼辦？這時禪師就用方法把你拖出來。所以，生死要找到它破解的地方，那個地方就是你生死根最深的地方，一刀斬斷，其他都就散斷，就如樹倒猢猻散，猴子爬滿大樹，一刀把大樹砍斷，就樹倒猢猻散，那時你怎麼辦？樹倒猢猻散的時候就樹倒猢猻散嘛！

「涅槃妙法離十相」，就這樣子讓大家了解，而且在禪觀的作用上，大家也有一個體會。

接下來講無願三昧。無願，有時候名為無作三昧，像《大智度論》，有時候講無起。理中無有貪求願樂，所以叫無願。所以如頌云：「無貪無求無願樂」，沒有貪、沒有求、也沒有求的希望。這種希望本身是讓我們產生貪求，所以無願的根本是來自破除這種貪求。「我想要買到那棟房子」，「我希望達到那個快樂的境界」，這都是一種未來心，無願要斷的是未來心。「如果我得到它，不知該多好！」未來心一起來，很麻煩。我們走路為什麼走不好？走路走不好是因為有未來心，因為我們從來不肯腳踏實地。我常常教大家在走路的時候要腳踏實地，「腳踏實地」不是說：「你做人不要虛假、好高騖遠，要腳踏實地，要一步一腳印。」不是這個意思，我不是講道理，我是叫大家真的要腳踏實地。

好好地觀察走路是可以開悟的。大家看看你們的腳，為什麼腳不踏實地？你們腳後跟在走路的時候都是提起來的，腳稍微沾到地就又抬起來了。為什麼？因為想趕快走下一步，是未來心在控制著你們走路。走路腳踏實地是要一步一步清清楚楚，腳後跟放下來再走下一步。如果有一種未來的心、貪求的心，這隻腳還沒完全放下去，貪求的心已催促你的腳再提起來走下一步了，要走！要走！心一直追求著，所以腳一再也放不下又提不起來，腳跟後面這一條筋就一直拉著拉著。所以，造成什麼情形呢？在身體形態上會造成什麼樣的因緣？對身、口、意會有什麼影響？我們每一個動作都是與心合在一起的，我們的心控制著一切行為，只是大家不曉得而已。所以光是「腳踏實地」這一個法門，若走得對的話，你的未來心會斷除很多很多，貪求心會減少很多，身體當然會更健康，所以腳要踏實地。

腳踏實地，沒有未來心，這跟走路快慢無關。如果有人問：「老師，我腳踏實地會不會走得比較慢？」我說：「你為什麼不擔心你腳踏實地的話，會不會摔倒？」這是無關的，因為腳踏實地的人，走路也可以很快，而且腳步可以更穩一點，身體更健康一點。整個人放輕鬆，整個身的力量會引發你的呼吸更柔暢。甚至呼吸可以到達腳底，讓呼吸更深，你的心更沈穩，平常就更容易修定，所以我們平常生活就要隨時隨地修行。如果一天到晚走路霹叭響，走來走去像企鵝一樣，如此就別想修定了。所以在禪堂裏面，看大家走路就知道有沒有進入狀況。禪師問弟子：「你是誰？」如果弟子眼神飄來飄去左顧右盼：「啊？什麼？」這都不用說了。另外一種是超級表演派的，叫他做什麼動作，他都說：「好！好！」馬上做一個動作，好像很進入狀況，但是等一下下了禪堂沒事的時候，喝茶、走路就一副散心，這也都不用說了。那只是代表他進入了表演狀況，變成表演三昧。真正進入狀況的話，眼睛是直的。叫他坐下來，「噗通」一聲就坐下來了，叫他站起來，就起來。這是身心已經統一的狀況。

還有一種是專門喜歡表演入定的。他一打坐就入定，大家起來，他都不起來，定在那邊，很厲害的樣子。叫半天叫不起來，後來大家在經行他也定在那邊不起來。後來吃飯了，大家都走了，不一會他就氣急敗壞地跑來：「怎麼沒叫我？」因為他入定在那邊，很舒服，叫不起來，這代表他有定力。但是這樣的定力沒有用，不能夠生起智慧。因為他已經把定力的經驗輸進去，人家叫他的時候他已經習慣性的把它遮斷了，這是他在入定之前的一種設定，不是他真的叫不起來。所以試一下就知道了，大家都在吃飯，他就知道！這代表他是很喜歡表演入定。因為他有作意心。但是真正的入定不是這樣子，如果是真正的入定，兩天兩夜也都可以坐下去，這沒有關係的，但是大家不要在禪堂的時候，表演給我看，否則我會用各種方法來磨，讓你了解什麼叫修行，這樣你的心才會磨掉、煩惱才會磨掉。

無願，從走路的腳步就可以修了。「無貪無求無願樂」貪求什麼？未來心也是一種貪求。你下意識要不停地趕快走，雖然你不知道那是什麼，可能根本是錯的，但是你就是習慣了，習慣也是一種貪求。所以，大家好好的走路，從照顧足下開始。

「理中無有作用集起，是故亦名無作無起。」在理中，沒有作用、沒有集起，叫無作無起。無作無起也是無願的意思，無作是無造作，無起是沒有集起的心、沒有未來的心，無願整個就是這個意思。

再從生死法相來解釋：「生死之法，不可願求，故名無願。」再以行來論：「於生死中不生願求，故名無願。」生死中不生願求的心，叫無願，「不作願求，故名無作」不作願求，所以叫無作，不起願求叫做無起。所以生死行相不可得，所以無願無作亦無起。這樣了解就能如實了知三三昧的名義。

三、以生死、涅槃、第一義空釋三三昧

再來，用三法來講三三昧，三法是指「生死」、「涅槃」、「第一義空」。先以生死來說無願門，因為生死多過，生死是我們一切過患的根源、過患的現象，所以不可起願，不可生起心、集起造作心的緣故。所以「生死現前心無願」。我們看看，生死這個境界，沒有什麼好說的，是因緣所生的而已，所以「生死現

前心無願」。涅槃寂靜離一切眾相，這說無相門，所以「涅槃寂靜無相門」，所以，是用生死、涅槃來表達。第一義空就是實相，一切法是第一義義空，這說空三昧，所以「第一義空如實相」，用這生死、涅槃、第一義空這三法，來宣說三三昧，三法現成三三昧。

四、以三法印釋三三昧

第四是用三法印來講這三義。「諸法無我大空門，諸行無常無願門，涅槃寂靜無相門，三印相應三解脫。」所以三法印就是三解脫門。一個是空，一個是無願，一個是無相。為什麼次第不一樣呢？我們了解三三昧的次第，一般有兩種說法：一是空、無相、無願；一是空、無願、無相。中文早期的經典大部分是空、無願、無相，也就是空、無所有跟無相。但是在《雜阿含》裏面，是空、無相、無所有。可以這兩種說法都有。在《中阿含》裏面是講不動、無所有、無相，不動是空，無所有是無願，但是南傳的中部是空、無相、無願，所以各有不同的說法。在大乘佛教裏面大概都是講空、無相、無作，小乘佛教對這兩者是不定。在中文經典裏面，空、無願、無相這樣的次第講的人比較多，這跟三法印有關係。因為諸法無我是空，諸行無常講的是無願，涅槃寂靜是無相。一個是體性上是空，一個是時間上無願，一個是相上無相。諸法無我印，諸行無常印、涅槃寂靜印，這是三法印講的空、無願、無相。就這個次第來講，小乘佛法裏面很多是把無願放在無相前面，這是有它的道理。空都是根本，所以都放在第一個，這沒有問題。

在大乘佛法把次第轉成空、無相、無願，也有他的道理，因為空是諸法無我是體，無相是涅槃寂靜，從涅槃寂靜中轉成如幻大悲，以如幻大悲的力量行無願行，變成時間上相續不斷，不住涅槃而有作用。所以講空、無相、無願，為了在涅槃寂靜中彰顯轉成救度眾生的大悲作用，所以以無願作用為最後一個。涅槃寂靜代表的無相就放在中間。這樣講是不是有道理呢？這兩個次第，我們可以這樣了解。一個是按照三法印的次序，一個是就大乘佛教的立場，強調從三法印的涅槃寂靜中要引生大悲心，來救渡眾生。諸法無我的成就就是大空三昧，諸行無常就是無願三昧，涅槃寂靜的成就就是無相三昧。

在這邊我引用「四種三昧」來看，四種三昧跟三三昧有關係。但是在這邊特別引出不是為了裏面的義理關係，而是要看它所顯現的修法原理。講四種三昧的內行人是質多羅長者，也就是給孤獨長者，當時很多出家人都有向他問法，因為他是一位大成就者，不是一個普通的供養者，除了有錢供養之外，他還是很有修行的。在原始佛教裏面，出家人向在家人求法、問法的事，並不是沒有，因為出家、在家是一種生活方式的抉擇，不是因為出家、在家之別，誰的功力就比較高。但是在原始佛教裏面有一個爭議：到底在家人能不能成為阿羅漢？一般通義而言是不能，但也有別說可以的。而在家人證阿羅漢者，佛陀當時有兩個例子可證明，一個是耶舍，他問法於佛陀，佛陀為他講法，結果就證得阿羅漢，當時他要去找衣服來出家，結果卻被牛撞死了。另外一個則是成就阿羅漢的時候，就當天出家。

所以就有人說：你看！在家人成為阿羅漢的話，不是死了，就是出家。所以說一定要出家，才能證得阿羅漢。但是一般來講，這個邏輯並不通。因為我們說在家人能不能成為阿羅漢，是說他在家的時候，有沒有成為阿羅漢。跟他成為阿羅漢後怎麼了應該沒有關係嘛！但是還是有不少人認為，應該出家人才有辦法證得阿羅漢。這在邏輯上是很跳躍的，因為他們認為，在家人的生活不是清淨的，所以不能夠成為阿羅漢，因為阿羅漢是不會有男女行為的。我認為出家或在家是一種生活的抉擇，出家人比較清淨，這是理論上而言，在家人比較有雜染，這也是理論而言。但是在家人也可以不結婚，但也可以跟太太兩人分房而居，難道在家人一定要有夫妻行為？不一定吧。

所以，這跟在家、出家的生活方式，並沒有什麼必然關係，我認為在家人應該可以得證阿羅漢。在經中裏面寫得很清楚，我純粹是從經典上面看的，而且這邏輯上是很清楚。不過就比例而言，出家人是較多證阿羅漢，如果是菩薩當然就不一樣了。

質多羅長者他很厲害的，像當時裸形外道要度他去信耆那教，結果他一個人前往，就把五百人辯得天翻地覆，甚至把他們的教主辯得都啞口無言。例如對方問：「你為什麼要信釋迦牟尼佛？」質多羅長者就說：「我不信釋迦牟尼佛。」「啊？你不信釋迦牟尼佛？」

「釋迦牟尼佛講的三昧，他證得了，我也證到了，所以說我知道他沒說錯，既然我是證得了，我何必去相信他？」

所以我常常講：你們要不要相信自己會吃飯，才能吃飯？不用嘛！「我會喝茶」是我相信我會喝茶，然後再喝的嗎？這太痛苦了。

四種心三昧是：「無量心三昧」、「無相心三昧」、「無所有心三昧」、「空心三昧」。這是出自《雜阿含經》卷二十一。我們看經文：「如是我聞，一時，佛住菴羅聚落菴羅林精舍。」質多羅長者他去上座比丘的地方，「稽首禮足，退坐一面。時諸上座比丘為質多羅長者說種種說法，示教、照喜，示教、照喜已，默然住。」

這時「質多羅長者詣尊者那伽達多比丘所，稽首禮足，退坐一面，尊者那伽達多告質多羅長者：『有無量心三昧、無相心三昧、無所有心三昧、空心三昧。云何長者！此法為種種義故種種名，為一義故有種種名？』」那伽達尊者問質多羅長者：有一種叫無量心三昧、無相心三昧（無相三昧）、無所有心三昧（無願三昧）、空心三昧。在巴利本裏面叫無量心解脫、無相心解脫、無所有心解脫、空心解脫。在中文本是講三昧，在巴利本是叫做解脫。這兩者有時候可以互用。這些法是各種不同的法義，所以有各種名呢？還是同樣一種義，所以有種種名？

質多羅長者問尊者那伽達多：「此諸三昧為世尊所說？為尊者自意說耶？」「此世尊所說。」質多羅就問：「這些三昧是佛陀講的、還是你講的？」他說：「世尊說的。」質多羅長者語尊者那伽達多：「聽我小思惟此義，然後當答。」於是質多羅長者就說：等一下，讓我稍微思惟此義，然後當答。

須臾思惟已，語尊者那伽達多：「有法種種義、種種句、種種味，有法一義，種種味。」他說：這些法有各種義理、各種句、各種法味，有法是一義而有種種法味。這時尊者就問長者說：「云何有法種種義、種種句、種種味？」

長者回答說：是這樣子的，「無量心三昧指的是四無量心，所以這是把四無量心三昧、空三昧、無相三昧、無願三昧，這四種三昧放在一起。無量三昧者，為聖弟子心與慈俱，無怨、無憎、無恚，寬宏重心，無量修習普緣，一方充滿，如是二方、三方、四方上下，一切世間心與慈俱，無怨、無憎、無恚，寬宏重心，無量修習，充滿諸方，一切世間普緣住。是名無量三昧。」

這小段是講四無量心中的慈三昧。無量三昧是說心跟慈悲相俱：沒有怨、沒有瞋恨、沒有恚，所以有寬宏的心。從一方、二方、三方、四方到十方上下，都是所有世間普緣住，所以說是慈心三昧，無量慈的三昧。

「云何無相三昧？謂聖弟子於一切相不念，無相心三昧身作證，是名無相三昧。」聖弟子對於一切相不想念，不憶持，這是無相心三昧，這時他心、身都能夠作證，是無相心三昧。

「云何無所有心三昧？謂聖弟子度一切無量識入處，無所有、無所有心住，是名無所有心三昧。」超越一切意識，心就沒有任何可去執著，不再有未來心，不去執著，這是無所有心三昧。

「云何空三昧？謂聖弟子世間空，世間空如實觀察，常住、不變易，非我、非我所，是名空心三昧。」聖弟子觀察這世間是空，世間空如實觀察的時候，這空的實相，是如實不變易，非我、非我所，就是空心三昧。所以，遠離我與我所，是空心三昧。這樣的法是有種種義、種種句、種種味。

尊者又問：「云何法一義，種種味？」質多羅長者說：「尊者！謂貪有量，若無諍者第一無量。謂貪者是有相，恚、癡者是有相，無諍者是無相。貪者是所有，恚、痴者是所有，無諍者是無所有。復次，無諍者空，於貪空，於恚痴空，常住不變易空，非我、非我所，是名法一義種種味。」剛剛無量三昧是一種，空三昧是一種、無相心三昧是一種、無所有心三昧是一種，這是有許多義、許多句，而現在則用一義來攝所有的法味。所以他說：無諍的法是攝一切法，無諍是第一無量。所以貪有量，無諍三昧是無量。貪是有相，瞋恚是有相，貪、瞋、痴都是有相，無諍是無相。無諍三昧是心沒紛亂，不起諍念。「無諍三昧是為第一」，《金剛經》裏面不是這樣講嗎？這裏就是用無諍三昧來攝一切法。所以又說：貪是所有，瞋恚是所有，無諍是無所有。無諍是空，於貪空、瞋恚空、痴空，常住不變易空，非我、非我所。所以無諍法一義有種種味。

前面這些就這樣了解，下面才是我想要告訴大家的意旨：尊者那伽達多問言：「云何，長者！此義汝先所聞耶？」他說：長者！這個道理是您以前就聽到的嗎？長者答言：「尊者！不聞。」我沒有聽過。這就厲害了！尊者想：「質多羅長者如得大力，於甚深佛法，現賢聖慧眼。」意指質多羅長者對於甚深佛法，得到慧眼了，所以對於佛陀所說的道理都就能夠體悟理解，能夠解說如實。所以你們如果說：「因為沒有學過，所以不會。」那麼還是不行的。所以對於法義要總持，有總持能夠體悟，別人隨意一問，就能夠自在地回答，這才是真實學。

五、《維摩詰經》所說的三三昧

接下來講維摩詰所說的三三昧。

維摩云：「不願是菩提，無貪著故，亦可生死體虛名空，相則彼二不可得者，名為無願。無相同前。」這是《大乘義章》中引的維摩義。所以這邊我把它的意思寫成：「生死體虛現名空，涅槃離相示無相，無願菩提無貪著，遠離生死取捨心。」

生死這個體是虛無，生死是虛妄的，所以說現明空。涅槃是離一切相，所以是無相。無願的菩提是沒有貪著。所以無願是菩提無貪著故。生死體虛名空，相則彼二不可得名為無願。無相跟前面是一樣，也就是涅槃離相。

六、以外境說三三昧

再來講外境。

頌云：「體空相空用亦空，現空無相無作願。」剛剛從三法印來講、以維摩義來講，現在來以外境來講。體是寂滅，所以是空，相也是寂滅，所以是無相，作用也是寂滅，所以是無作。而整個法界的外境都是空，所以體空、相空，用亦空，現空無相無作願。為什麼特別再講「境空」？因為將來要引入整個法界空，引入我們將來要修的菩薩三昧，這是前面的引子，有了這引子、機緣，再進入菩薩三昧。

七、以心體說三三昧

再來講心體。剛剛有講外境了，現在講整個心體，是包含一切來看：

心體空故名為空，現想為空成無相，所見皆空為無願，心與心所相應法，體寂相寂作用寂，空門無相無所作，圓頓妙體現成空，圓頓妙相示無相，圓頓大用無作願，圓頓體中不離初。

這是講整個心廣大作用。心體的體性是空，所以叫空；現想是空，所以叫無相；所見是空，叫無願。這是用空的體相用來含攝空、無相、無願。心體空故，所以是空；自己的想所攝的相，想相起相為空，這叫無相。這無想心、無相心空；外界所見都是空的，這叫無願。這三句話，大家也可以把它攝為平常禪觀，或是行住住臥時將它總持起來。心體空是空：我現在的心是空的，我的思念是空的，我現在看到的外相也是空的。所以我現在是空、無相、無願，同時具足了。用空來攝持三三昧，這是一義多味。

接下來「心與心所相應法」：我們的心及心所有，以及所相應的這一切法，它的體是寂滅、相是寂滅、作用也是寂滅。所以如《大乘義章》中所說：彼體寂者名空門，相寂之義名無相，作用寂者名為無作」。也就是我們偈頌中所說：「體寂相寂作用寂」。「空門無相無所作」，空裏面無相又無作，空、無相、無作就全部在空裏面會整了。但是我們要進入所謂心體性裏面：「圓頓妙體現成空，圓頓妙相亦無相，圓頓大用無作願。」這就是用圓頓體來講的。圓頓妙體現成是空，圓頓妙相所現的就是無相，圓頓大作用是無作無願無起。而這圓頓體中，不離本初。心體這部分就是圓頓三昧見地的體性。

八、以十六行觀說三三昧

現空三昧具二行，善觀五蘊現前空，無我我所不可得，空無我法為初門。
無相三昧具四行，涅槃苦盡煩惱滅，勝法第一現微妙，遠離世間出纏縛。
無願三昧十大行，五蘊因緣觀無常，身心惱苦無願求，集因緣生四苦因，
道正行出解脫因，如實無作解脫門。

再來講十六行觀。為什麼講十六行觀呢？因為空、無願、無相三昧，又常常跟四諦十六行觀匯總在一起。空三昧有二行，無相三昧有四行，無作三昧有十行，所以總共十六行觀。這些基礎的佛法要愈清楚愈好，因為你們的基礎愈鞏固，將來高階的修證就愈容易，基礎不鞏固的話，想了半天想不通。口說：「我修大

圓滿。」其他的東西都忘記了，所以你的大圓滿是「忘記的大圓滿」，不是總持的大圓滿。忘記的大圓滿等於什麼？是大圓滿沒錯，但就是還沒有證，就像有個佛堂，可惜少了一尊佛。所以基礎的東西，還是要時時回來看看。

「現空三昧具二行，善觀五蘊現前空，無我我所不可得，空無我法為初門。」空三昧具二行，一個是善觀五蘊現前空，一個是無我、我所不可得。這邊大家就可以開始做更仔細的修行：怎麼觀呢？觀色、受、想、行、識整個五蘊都是空的。《大智度論》裏面講：觀五受眾（即是五蘊），一相異相無故空。不是一相也不是異相，就是空相，所以空。所以現在先觀我們的色，色在哪裏？「有啊！我有色啊！我有耳朵、鼻子、嘴巴。」這是怎麼來的？「無常、苦、空、無我」，所以空。其他的受、想、行、識也是如此，是現空，是緣起所生，所以，空不是永遠不變的，是空，是現前空。「無我我所不可得」，我與我所有法皆是不可得，這叫無我。所以說空、無我法為初門。空三昧具足兩者，一個是空法，一個是無我法。所以四諦十六行觀中的空、無我，是屬於空三昧。

「無相三昧具四行，涅槃苦盡煩惱滅，勝法第一現微妙，遠離世間出纏縛。

」無相三昧具四行，第一個是觀涅槃種種苦盡，所以是「盡」；第二個是三毒煩惱火滅，這叫「滅」；一切法中是第一，所以叫「妙」；離世間故所以叫「出」。所以說涅槃苦盡是「盡」，煩惱滅是「滅」，勝法第一現微妙是「妙」，遠離世間出纏縛，是「離」或名為出。盡、滅、妙、離是無相三昧所具的四行。

「無願三昧十大行，五蘊因緣觀無常，身心惱苦無願求，集、因、緣、生四苦因，道、正、行、出解脫因，如實無作解脫門。」無願三昧所具的十大行是：觀這五蘊是因緣生，所以是無常，所以第一是觀無常。我們身心苦惱，沒有願求，所以第二是苦。五蘊的來源是集、因、緣、生，它是積聚，它是依因，它是依緣，它是由緣而生苦果，所以說集、因、緣、生是苦的四種因，是十行中的四行。到最後我們行正道、解脫八正道能夠達到涅槃，所以第七個是「道」；不顛倒，所以是「正」，這是第八個；聖人所至，所以是「行」，這是第九個；愛見不遮，是解脫因，所以是「必到」或是「出」，是第十個。這十行我們如實能夠修證，如實無作，成就解脫之門。這是一種慧觀，把四諦十六行導入配合三三昧。

九、三三昧一如

不見眾生不見法，空中無相無可取，空即無相不可得，空中無願無可求。
空能修空善得力，不見眾相實無相，無相無願不受身，不受身故脫眾苦。

再來是三昧一如。以下是引用《成實論》卷十二，三三昧品中的意涵。在《成實論》中說：「若行者不見眾生亦不見法，是為空。如是空中無相可取，此空即是無相。空中無所願求，是空寂因故無願。」我們修行到最後，不見眾生、也不見法，我法二空，所以《成實論》已經進入大乘了，是權大乘的法。

大家看看，我們這樣從基礎一直講，到這裏再繼續要進入後面的如幻三三昧、大悲三三昧跟法界三三昧，跟圓頓三三昧，前面這些全是後面大三三昧的基礎，這是一層一層超越的。

回到前面，「不見眾生不見法」，這是空了。既然是空，如果要取得的話，有沒有相可得？是這個樣子還是那個樣子？「空中無相無可取」，所以空有沒有具足無相？有。你有空的時候，一定要去取得空時？不是的，這就是無相。因此一定要以空為基礎，沒有空的話就沒有無相，所以是「空即無相不可得」，也沒有無願了。所以說「空中無願無可求」，既是空，你有什麼願求要求呢？都是虛妄的，你能有什麼願求？因此以空來攝空、無相、無願三者，即是三者一如，三昧一如。

「空能修空善得利，不見眾相實無相，無相無願不受身，不受身故脫眾苦。」也引《成實論》之意涵。為什麼一如還要說三者呢？因為「空之能，謂應修空，修空得利謂不見相，不見相故無相，無相故無願，無願故不受身，不受身故脫一切苦。」如果分成能、所的話，體性上面是「能」，那麼我們應該去修空。修空得證就不見眾相了，不見相就是無相，無相所以無願，因無願的緣故，沒有未來心，就不受未來的生老病死之身，不受身的話，就脫一切苦。我把這個意思寫成偈誦，相當清楚。因為空能，所以我們能去修空，能夠善得利益。不見眾相，實在無相可得，所以無相無願，我們不受身，不受身故能夠解脫一切眾苦。所以前面四句「不見眾生不見法，空中無相無可取，空即無相不可得，空中無願無可求」，指的是三昧一如；這四句是說，因為作用不同，雖然是一如，還是要強調三者。

三昧一如之後，我們要看看三重等持。在經裏面三重等持的說法差別很大，判定有不同。像在《俱舍論》，它判定三重等持是有漏；但在《成實論》當中，認為三重等持是超乘，與原來的三等持不一樣，所以差別很大。

十、三重等持三三昧

空空三昧重空定，無相無相平等持，無願無願三摩地，三重等持三三昧。

現空智觀五蘊空，成就現前空三昧。復觀空智亦為空，空空三昧能成就。

無相現觀五蘊寂，五蘊空中無相取，無相觀智空無相，無相無相三摩地。

五蘊空中無願求，無願三昧無所作，無願觀智空無願，無願無願等持定。

重觀三昧善修利，如人以杖燒死屍，死屍燒盡杖亦焚，智者如實智斷結。

煩惱既亡智須捨，如筏喻者亦如是，如藥醫病病已癒，不棄藥石反成毒。

什麼是三重等持呢？

「空空三昧重空定，無相無相平等持，無願無願三摩地，三重等持三三昧。」三重等持就是：空空三昧、無相無相三昧、無願無願三昧。空三昧就好了，為什麼要空空三昧？是什麼意思呢？在小乘法裏面，判定三重等持是較低的，算是有漏，比三三昧還低，是以有所執心在修，在《成實論》則是依菩薩具大乘法的立場來說。這三重等持類似於我們剛剛所講的般若道或是方便道。般若通住法，方便道是出法，空三昧是住法有執，所以又有一個空空三昧來代表出法，無執的，是這樣的道理。

我們用《成實論》卷十二中的三三昧品來講三重等持：

「經中說三三昧，空空、無願無願、無相無相，何者是耶？」

答曰：「以空見五陰空，更以一空能空此空，是名空空。以無願厭患五陰，更以無願厭此無願，是名無願無願。以無相見五陰寂滅，更以無相不取無相，是名無相無相。」

「有論師言：『是三三昧名有漏』，是事云何？」

答曰：「此非有漏。所以者何？是時無漏能使故。又此三三昧於空等勝，云何當是有漏？」

問曰：「若空等三三昧，實是智慧，何故名三昧耶？」

答曰：「諸三昧差別故，又三昧能生如實知見，故名三昧，果中說因故。」

這段經文的意思是：用空見了五蘊空之後，更用一個空來空這個空，叫空空。用無願來厭患五蘊的緣故，又以無願來厭這個能夠厭患五蘊的無願，所以叫做無願無願。無相見到五陰寂滅的緣故，更以無相來不取這個無相，所以叫做無相無相。或有問：有論師說這三三昧是有漏法，他說不是的，三三昧不是有漏法，是無漏法，能夠成就的。而且空空三昧比空三昧等勝，怎麼會是有漏呢？所以這立場不一樣。

我們看看空空三昧如何修持。回到偈頌中：

「現空智觀五蘊空，成就現前空三昧，復觀空智亦為空，空空三昧能成就。」如同《大乘義章》所講的：「聖人以智觀五蘊空，名空三昧。」所以我們用現空智來觀察五蘊，色、受、想、行識這五蘊都是空，所以說「現空智觀五蘊空」

。然後成就、安住在空的三昧定裏面，我們用智慧，用一切都空的空智來觀察，色是空，想、行、識是空，所以色、受、想、行、識是空，如是觀察，就安住在空三昧裏。再來又起智慧來觀察：觀察這一切都空的空智也是空的，「復觀空智亦為空」，所以說「空空三昧能成就」。

接著無相無相三昧如何修持？

「無相現觀五蘊寂，五蘊空中無相取，無相觀智空無相，無相無相三摩地。」用智慧來觀察我們的色、受、想、行、識，這五蘊是寂滅的，因為它無相，沒有執著相。五蘊是空中，無相可取。用無相的觀智，再來，第三：把無相空掉，所以是無相無相三摩地。

「五蘊空中無願求，無願三昧無所作，無願觀智空無願，無願無願等持定。」五蘊空，所以沒有願求，無願三昧就是無所造作，接著再起無願的空智來空掉無願，所以證成無願無願等持定。

為什麼還特別提出這三者？第一是就修行經驗所說，第二是要再強調，因為道理大家都懂的，但是在一層層的修行中卻都是經常碰到，所以這是意義深遠的一個問題，也是很重要的問題。當我們修行落在一個境界裏面，一定要起一個心來破這個境界，這是方便出關，是方便道，一定要這樣修才真是無住道。無住道，住於無住，要有無住來抵禦這個所住。到真實無住，以無所得故，得阿耨多羅三藐三菩提，是徹底的無所得。所以說以幻觀幻，猶未離幻，完全離幻，才是究竟的體性真如，這是《圓覺經》裏面所講的，也是在講這個道理。

這三重等持，其實意旨就是無限等持，只要有所得，就要破，一層一層破。但是這樣講也沒什麼道理，因為一直破破破，可以講一大串，永無止境，這個在經典裏面就稱為「廣說則無量」。所以只要知道意思，講一重就夠了。接下來的偈頌就是說明為什麼要這樣子重觀。

「重觀三昧善修利，如人以杖燒死屍，死屍燒盡杖亦焚，智者如實智斷結。煩惱既亡智須捨，如筏喻者亦如是，如藥醫病病已癒，不棄藥石反成毒。」

善修重觀三昧具有很大利益，就如同有人拿棍杖來燒屍體，屍體燒完，棍杖的任務也結束了。我們在修火供時，也是拿著棍杖一類的東西，作為把供品撥進去火中的用具，撥到最後，也要把這工具送進去燒。在燒屍體時也一樣，大家不要屍體燒完的時候，覺得這根棍子很好，就拿著到處走，這是不對的。所以說：「死屍燒盡杖亦焚」，一個智者用如實智慧來斷除煩惱，等到煩惱已經沒有了，也要把「智」捨棄掉，但是也不是就沒有智了，而是需要的時候就有，隨時可以拿出來用，只是不必永遠安裝在那兒，不要沒事拿著般若空性拼命照別人，檢驗別人，所以說「煩惱既無智須捨」。

就像《金剛經》所講的：諸法如筏喻者，法尚應捨，何況非法。藉著竹筏來渡河，河已渡，竹筏就把它放在河邊就好了，不必連竹筏也抬上岸。又如同我們去看病、吃藥，等到病好了，有人卻不肯放棄藥。例如拉肚子了，就吃止瀉藥，等到肚子好了，心想：「這止瀉藥對我來講，功德太大了！太好了！」所以就繼續吃，吃著吃著反而變成便秘，再來又去吃瀉藥。最後又認為瀉藥實在太好了，再繼續吃，這樣一來包準又會鬧出別的病來。藥本來是治病的，病已除，如果還吃藥，那麼藥就會變成毒了。所以我常常告訴大家，你們不要老是帶著般若的眼睛去看，結果所看到的都不是般若，認為為什麼人家都不是般若？看到這一個就評斷說：「你沒有般若！」看到另外一個又批評：「你沒有般若！」並且自認為

：「只有我有般若，你沒有，般若只有在我家！」你們會不會這樣子？

真正的般若不是這樣的，而是看到一件東西、事物，立刻就了悟是無常。但是知道它是無常就好了，不要說：「我有無常來看這個東西、這件事。」有般若所看的就是空，不是裏面有一個般若，若是這樣就不空了，這點很重要。「法尚應捨，何況非法？」，這個道理大家要深深了解。很多佛教修行人，學佛之後，佛的味道好濃厚，常常指著別人說：「你有業障。」好像自己是已經解脫了的人。或對人說：「你們眾生實在太可憐了！我真是不想救你。」好像他自己是在岸邊可以救別人。本來別人也以為他真的解脫了，希望他救我們，結果一看，他也在河裏。這樣的佛教修行人，在修行之後，反而形成他的業障，因為他從此沒有辦法忘記自己是一個佛教徒。如果因為這樣子來隨順佛教的道理，這是很好的，但是他沒有辦法忘記自己是佛教徒的身份，這又陷入另一種執著。

佛法叫我們大家不要執著，但不執著並不是隨便，不執著的人絕對是不隨便的，不執著的人一定很隨順，但隨順世間不是隨順欲望。有些佛教很喜歡給別人增加困擾，這是一個不太好的習慣，本來也無可厚非，但是如果這些習慣很堅固不可破，而很希望去麻煩別人，要求別人都一定要跟他一樣的話，這就沒有道理了。佛陀為什麼要沿門托鉢？就是不想去麻煩別人。人們給他什麼，就吃什麼，今天吃這個，明天不一定吃這個，隨順施主所供養的。難道還規定施主每天要給我們什麼菜？不是這樣子的。實際上，佛法的生活是一種很隨順、很自然的生活。

舉例而言，現在的袈裟是怎麼做的？是把一塊布剪成很多塊，再把它們縫起來的。這本來的用意是要去撿剩布、裹屍布等等，人家廢棄的布來拼拼湊湊縫一縫，這就叫做糞掃衣。但是有些人不明白這個道理，還特別去買了好布，特別選擇不會褪色的布來做衣服，沒想到佛陀教導我們的本意，就是要用別人不要的、會褪色的布。這個例子可以讓我們思考現代的作法跟糞掃衣的意義有沒有一樣呢？似乎是完全相違背的。當然這裏面也包含一些文化變遷、社會價值觀等緣起上的不得不然，但是對於根本的意涵，我們一定要了解掌握。

從另一面來講，最近有鼓勵所謂「清貧思想」，這個立意本來很好，但是希望不要到最後，大家都只是要顯現「清貧的樣子」而已。比如說，衣服都一定要有破洞，才算是清貧，才算很符合清貧生活的原則，到最後就形成補一塊洞就要特別花多少錢，要補什麼顏色的、要縫什麼線都要特別講究，沒有洞的衣服也要特別去弄個補丁，結果有補洞的衣服一定比沒有補洞的衣服更貴。就像現在有的牛仔褲，好好的褲子都要把它弄成破破的，才叫做帥，比一般沒破的褲子更貴。

以前有一個皇帝，他鼓勵大家要節儉，衣服破了一定要補。結果每一個大臣上朝衣服上都有補洞。有一次他就問大臣說：「你補一個洞要多少錢？」大臣就回答他說：「一兩」，皇帝便得意的說：「那你補得不夠，我補五兩。」但是五兩不知道可以買幾十件衣服了！清貧思想如果演變成這樣就失去意義了。我們修行人也不要去麻煩別人，盡量能夠隨順就隨順，但是我們的原則要自己堅守。因為你很簡單自然自在，所以能夠堅守，因為你不執著，所以能夠堅守一些不傷害別人的事情，因為這些原則是隨順著無為的心。佛教就是要很柔軟、很隨順。

很多東西本來是要醫病的藥，但是久了之後，這些藥都變成裝飾品了。所以我常講說很多傳承沒有什麼道理，例如有的修行派別堅持不准吃青豆，為什麼？因為他祖師爺不喜歡吃青豆。後來傳到最後竟講了一大堆道理：吃了青豆脈會堵住，或是如何如何不利修行。為什麼不說吃青豆的話，整個身體會像密勒日巴一樣變為青色？所以那些理由都沒道理嘛！當然這還要經過揀擇，有些東西是很明顯不好的，例如抽煙，於是就有一些傳說來證明它的壞處，如煙是魔女丟下來的，這神話還算情有可原，但是有些神話實在是莫名其妙，跟修行也沒關係，就是一種習慣而已，那修這幹什麼？佛教徒可不可以抽煙？經中沒有禁止的，只是抽煙不好。佛陀准許有些老比丘抽煙，為了防寒、防溼。但是這是不好的東西，除非是特別在身體上需要，不抽不行，這也是無可奈何的事情。

對生命中的很多事情，我們自己要很清楚，不要執著於習慣，反而忘記智慧本身。你們可以觀察我的教法，我講的都是佛法本身，如果在體性上講不通的話，我也就不用講了。道理講不通的話，示現再多神通都是沒有用的。真正修行成就的法，必是理事双圓，體用双圓。但是，只是講道理也沒有用，講道理而沒有去修證，有什麼用？只有在整個體性上，很清楚很明白，平常任何時候都是自在的，在這裏面悠遊，沒有任何的障礙。

就如同我講的，即使在半夜的時候人家掐住脖子問你，你還是會答出來，這樣才可靠，因為有道理嘛！只要有道理，你的心裏，你的五臟六腑、心脈就不會有扭曲。只要有扭曲，就表示自己修的法尚未通透。只有心裏面完全通透了，心脈無障礙了，然後再修法、再相應下來，才是最好的法，這樣才有用，我們的修證才能夠圓滿。所以，「煩惱既無智須捨，如筏喻者亦如是，如藥醫病病已癒，不棄藥石反成毒。」

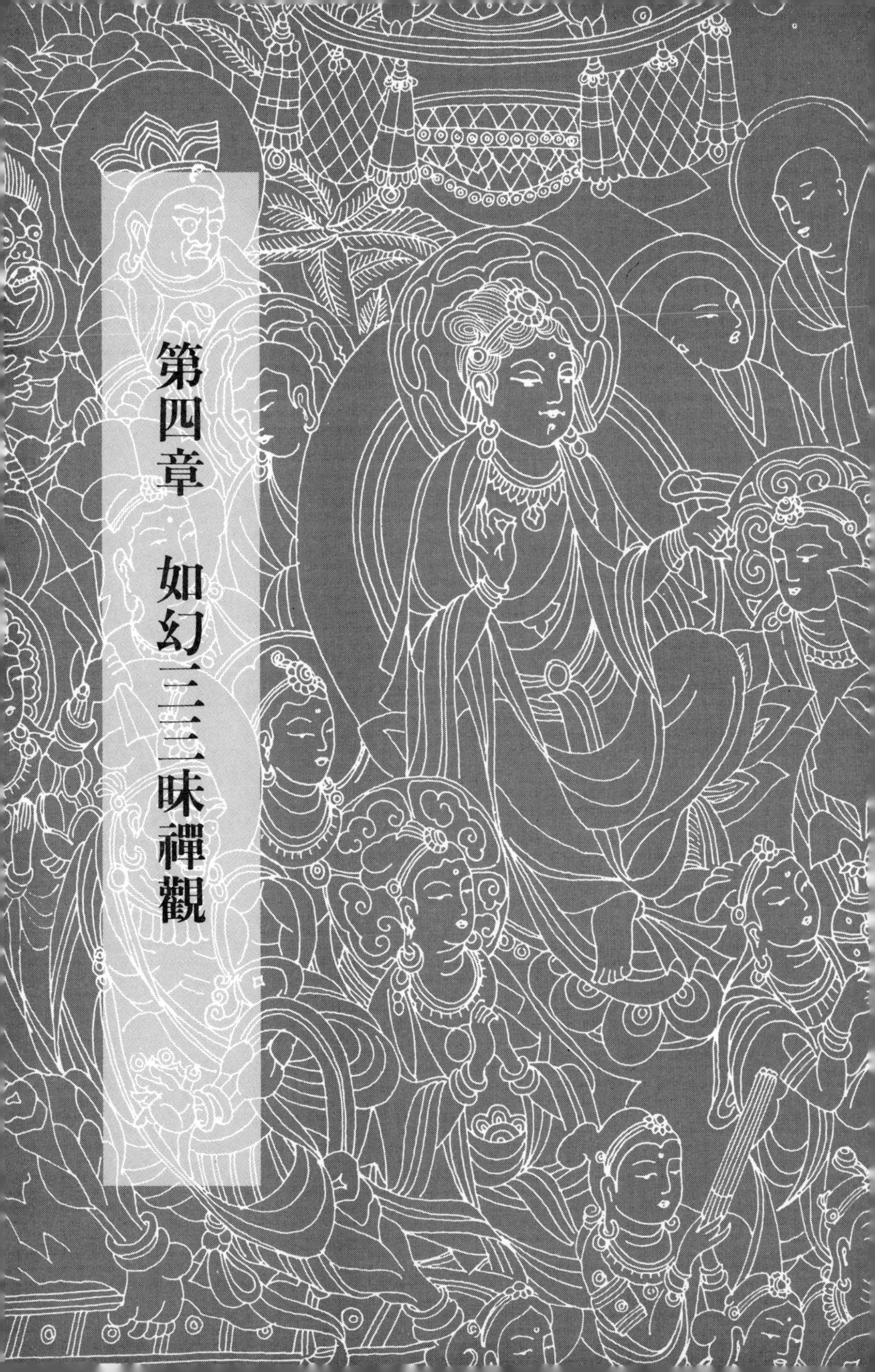

第四章　如幻三昧禪觀

第四章　如幻三三昧禪觀

苦集如幻空三昧，一切法空如實相，內空外空內外空，空空大空有為空，
第一義空無為空，畢竟為空無始空，散空性空自相空，不可得空諸法空，
無法空及有法空，無法有法空十八。無生如幻破諸惱，諸法實相滅眾苦，
戲論空相未證空，計有空相離實相，知空現前無空相，無相解脫三昧門。
空相現空具觀智，既無能所誰空觀，無作無起無分別，如幻三昧無願門，
三解脫門惟一法，以行因緣說為三，觀諸法空空三昧，空不可取轉無相。
無相無起轉無願，三三昧法體一如，善觀世間即涅槃，無相無作涅槃空，
世間如是如實相，無有自性體如幻。

一、空與如幻

三三昧當中，一開始是以空來講，但依菩薩道而言，卻是以如幻來說。空跟如幻其實是一如的，但是在我們的認知裏面，還是有方便上的不同。所以我們先引一些菩薩禪的見地來跟大家研究一下。《小品般若經》卷五所講的：「云何名禪那波羅蜜？須菩提！菩薩摩訶薩以應薩婆若心，自以方便入諸禪，不隨禪生，亦教他令入諸禪，以無所得，是名菩薩摩訶薩禪。」為什麼叫做禪波羅蜜呢？佛陀告訴須菩提：菩薩摩訶薩、菩薩大士，他是以應薩婆若心來方便入諸禪。這心是什麼心？就是一切智的心。什麼是應薩婆若心？就是相應於薩婆若心，如果就瑜伽行來講，就是跟薩婆若心產生瑜伽作用，瑜伽是相應義，如果兩者相應，就是產生瑜伽。相應行就是相入相即，所以六大常瑜伽，體性相即。

佛陀回答：菩薩大士是與一切智的心相應。一切智心相應，就是菩提心相應，也就是菩提心的瑜伽。所以我們修菩提心就是能夠相應於菩提心，現起菩提心瑜伽。瑜伽現起的時候，就是我們隨時隨地跟菩提心相應了，因此作意是空性、是悲心，是由空性生起。所有的作用都是從菩提心直接相應而生，就叫菩提心的瑜伽行。我們要檢測自己有沒有菩提心，就是看修證有沒有深入自己的體性裏面，有沒有產生菩提心的瑜伽，在思惟事情的時候，有沒有隨時隨地用菩提心來思惟。

如果說每次要做事情之前，還要先想一個菩提心，然後再來做，那就不是菩提心瑜伽，而只是普通的思惟而已，還不能夠產生菩提心作意。作意菩提心不是菩提心的作意。作意菩提心是去思惟菩提心來做事情；而菩提心作意，是直接用菩提心來思惟事情。能夠菩提心作意，就不必要想有一個菩提心的名相，因為他已經菩提心入體了。這兩個是不一樣的，你們修行的時候，要很確認、確知。

有時候我問大家有沒有菩提心？有人會說：「有啊！我常常想菩提心。」有想總比沒想好，但是「想一想它」總比「是它」，還差一點吧！「是它」的人就不一定會想自己是它。比如說，有人叫小華，小華不會想說：「我叫小華，所以我可以做小華的事情。」不是這樣子吧？如果是這樣子，人家一定會懷疑你不是小華，因為小華在做任何事時，不必強調這是我在做，「我」、「小華」已經深入心中了。所以從菩提心直接生起思惟，就叫應薩婆若心，這是菩提心的瑜伽。我一直強調，大家的思惟是以三法印為中心，用三法印來想事情，用八正道來做事情，這樣子才是佛教徒。很多人是想到的時候才是佛教徒，但是常常想自己是佛教徒，強調自己是佛教徒的，大概也不是佛教徒了。因為佛法的思惟要跟我們的思惟沒有距離，我們要直接用佛法來思惟。你思惟事情，不是用一個佛法名相來套，而是以佛法的見地、根本深入你的心，你確認這個是真的，這樣才會是你的思惟，才是相應佛法的見地。不然的話，只是早晚課的時候想一想佛法，或是在遠離世間的時候才跟佛法相應，這是不對的，這只是初修的入門而已。我們應當隨時隨地安住在佛法當中，從三法印、四聖諦為中心來思惟，來看世間的眾相，所行的是八正道，乃至三十七菩提行，如此才是真正的佛教徒。

有些人把世間分成兩部分，一部分是上早晚課的兩個小時是佛教徒，其他時間就不是佛教徒，或是在參加寺院法會時是佛教徒，而其他時間的思惟都不是。結果，碰到佛法的事情就用佛法思惟，碰到世間事則用世間思惟。這是很扭曲的，這叫作人格分裂。一個菩薩行者一切所作所為就是用菩提心相應，思惟事情也是由菩提心開始。慈悲不是一個樣子，慈悲是一種過程，隨時隨地無間相續地跟菩提相應。有些人說：「他看起來很慈悲的樣子。」但是有慈悲的樣子不一定是慈悲。

慈悲到底是什麼樣子？舉得出來嗎？比如我們在台北街頭看到乞丐，或是賣口香糖的人，或是在地上爬行乞討者，有些人就會同情他而買口香糖。買的人有慈悲心，難道不買的人就沒有慈悲心嗎？其實是不一定吧！不一定是布施的人有慈悲心，不布施就沒有慈悲心。

我曾經親眼看過那些手腳殘廢的人被一輛車一個一個接走，一個個再放下去到各處行乞。那些行乞所得的錢拿去那裏了？可以知道，通通交給背後的操縱者了。如果說有慈悲心的話，應該讓他們在房子裏面，不要再到外面餐風露宿了，但是如果我們在街上一看他在行乞就直接布施他，有沒有可能因為我們布施的緣故，使背後的操縱者賺得更多，結果使那些殘障的人被放在外面行乞的時間更長？

這不是說哪一種人比較慈悲，哪一種人比較不慈悲，而是我們自己要有智慧的判斷。有人是看到乞丐，就筆直走過去，沒有感覺，這種人不算我們討論範圍，因為這種人很可憐，他是完全冷漠沒有感覺。我們走過去對他的悲苦有感覺，所以我們要來做判斷，有些人看到直接就很感動，於是就幫助他。這很好，是功德的行為。有些人會判斷：「不太好！我這樣直接幫助他，可能是錯的。」所以就不幫助他，這種方式也是不錯的。但是如果有人看到，認為實在太可憐了，就趕快去把房子賣掉，立刻給他五百萬，然後丟著就跑。心想：「我很慈悲，為善不欲人知，所以錢丟下人就跑了。」這種人就是笨蛋！因為你給他的錢一定不會留在他手中，他可能會因為這五百萬，而遭人謀財害命。而且這個布施者回家後才想到：「哇！今天沒飯吃了，該怎麼辦？」五百萬沒了，才想到家裏還有太太、兒子要吃飯。這種方式就不對了，這是完全不了悟緣起者的作法。

有一位先生告訴我，他說他的太太看到可憐人，一定要布施給他，因為她很慈悲。但是這布施不見得好，因為這種布施的影響可能就像剛剛所講的那種狀況一樣。而且就另一方面而言，可能會讓受施者覺得：拿錢很方便嘛！所以他從此就不改行了。以前我的故鄉有一對乞丐，是一對老太太和老先生，太太跛腳拿著棍子走路，每天這樣乞討，後來有人調查，發覺他們都比一般人有錢。在台北，也有這一類的調查，很多乞討者的收入，一個月動不動幾十萬，一天隨隨便便就有五千塊。

台灣去印度朝聖的團體，曾經發生這樣的事情：有人很慈悲，拿了幾百萬到佛陀成道的聖地菩提加耶，布施當地的貧窮人，一人可以得到幾百塊印度盧比。幾百塊盧比在那邊是很不得了的。結果整個菩提加耶，還有周遭城市的乞丐都湧入城中，幾千個乞丐、窮人，大家爭相要拿錢，因為實在太擠了，踏傷了不少人。這種情形是好事嗎？有人可能會覺得他的慈悲心很大，拿到錢很高興，但是那時，菩提加耶好幾天附近都買不到酒，因為大家都拿這些錢去喝酒。這怎麼辦？

如果拿這些錢去幫他們辦醫院、建工廠會不會比較好呢？應該是比較好。錢直接這樣丟下去，一下子就沒有了，並沒有為他們創造後續的經濟行為。為什麼辦工廠或辦醫院比較好呢？因為辦工廠、辦醫院投資十萬下去，或投資十億下去之後，會擴大開來，大家會因此有工作，創造就業機會，增加消費、購買能力。十億的資金會擴張到一百億，而這一百億是長期性的，讓大家每個月都可以工作，增加當地的繁榮。所以他如果去建一個醫院，是不是件好事？太好了！醫院建好之後，可以照顧貧民、病人，可以僱用員工、教育民眾，再辦個基金會，從事社會福利工作，這樣廣度、深度的發展，效果加倍。

一個工廠創造一百個或一千、五千個就業機會，就是養活了五千個人。如果你給五千個人五百塊，一下子就沒有了，也許兩天就沒有了，因為錢得來這麼容易，大家一定會再到處去找這種機會，繼續當乞丐。很多乞丐都是到處去找這種機會的，其實印度本來沒有那麼多乞丐，但現在為什麼那麼多乞丐？因為錢得來太容易了，這種情況是觀光客造成的。

其實，印度知識份子，他們很厭惡觀光客去做這種直接施捨的事情，因為這種行為養成印度人民不好的習慣，而且造成他們民族自尊的受傷，一個地方如果民族自尊心受傷，會使他們整個文化產生扭曲，而且不容易撫平。

在當地蓋醫院或工廠都是很好的，也可以蓋學校。蓋學校時，又有很多工人可以有工作，小孩子也可以讀書，還有很多老師可以從事教職，學校如果供應學生營養午餐，如此又有很多校工、廚師、食品業有工作利潤可得，本來孩子在家裏沒事情做，後來發覺到學校讀書還可以吃飯，又可以減少了一些家庭壓力，所以就很樂意上學求取知識。如果教育成功，這個國家就有希望了。這不是很好嗎？這才是一種創造性的行為。一個人有慈悲心一定還要有智慧，否則是愈幫愈忙。

最近佛教界辦了一些學校，成果不知如何，但在就過去來看，佛教辦學校很少成功的，因為都是師父自己兼校長。從前佛教辦醫院似乎也沒有成功過，現在慈濟應該比較好。佛教辦的學校、醫院大部份到後來都給基督教收管了，基督教很會辦學校、醫院。癥結在那裏？很多是因為主辦人不信任專家，什麼事都攬在自己手上的緣故。其實我們不妨給專家去經營，但是我們要保有監察權，除了監察權之外，還要保有傳教權。心靈佛法這方面是我們的專長，但醫療、教學不是我們的專長，用這種態度才對。

在古代，佛教在大學教育裏面，扮演很重要的角色。如印度的那爛陀大學，當時是世界級的大學。因為在那個時代，就印度來講，就屬出家人最有時間讀書。其實阿拉伯數字也是佛教出家人發明的，因為出家人在寺院裏面一天到晚讀書，腦中充滿了抽象思維，就發明了很多像數目字的用法，只是阿拉伯人把它推廣出去，所以叫「阿拉伯數字」。當時那爛陀大學是不得了的國際大學，有一萬多個學生。

但是現在很多的教育方式不再是那個樣子，所以佛教與教育的關係也跟以往不同了，因此要看時間因緣的轉換，認清自己的主體行業是什麼，要了解專家、信任專家，但是仍保有自己的特色。比如辦教育，先將我們辦出來的教育躋身於世間最好的教育之後，再加上我們所特有的東西。什麼是我們特有的東西？我們在其中從事很多心靈的教育，讓學生的心性能夠提昇，教他們打坐，使他們學業更好，教導他們整個人生的規劃，使他們在世間中的活動力、修養、自信、獨立，以及各種忍耐挫折的能力增強，成功的機會都更大，這樣學校出來的學生就是世界一流的，如此佛教辦教育也才有意義。慈悲心一定要跟智慧相應，否則有慈悲沒有智慧，會造成很嚴重的後果。這就是為什麼菩薩要「以一切智心相應」。

回到經文所說：「云何名禪波羅蜜？須菩提！摩訶薩應薩婆若心，自以方便入諸禪，不隨禪生，亦教他令入諸禪，以無所得故。」當菩薩與一切智心相應，而入禪不為禪的力量所拘持，禪是有力量的，我們現在入這禪定，就像一個杯子把杯蓋蓋上去，要蓋上杯蓋必須花點力氣，要把杯蓋打開，也要力氣。禪定的境界愈高，禪定力愈大，所以要離開這個禪定時，本身也需要有力量，這才叫「出入自在」。很多人都只想到入定很容易，要出來却沒辦法出來，禪定的境界是有力量可以把人拘住的，例如三禪大樂，三禪的樂太快樂了，有些人就沒有辦法離開，這就是被禪力所拘。

禪力所拘會讓人進入禪天，往生的時候就會到那個禪天去。一般人只注意到進去的力量，沒有想到要出來還是要有力量才能夠出來。所以說，入禪而不被禪的力量所拘持而能自在。要出於色界、無色界或是欲界，都是方便的力量，所以說菩薩最後要用方便波羅蜜來顯示出境界的存在。然而欲界救度眾生，就是大悲心使然。但是假如沒有欲界怎麼辦？就到色界去。欲界可不可能沒有呢？可能，當宇宙大爆炸，整個宇宙大火災的時候，初禪以下全部都滅亡消失了，當然就沒有欲界了，這時候只好到初禪去了。所以菩薩投生到二禪、三禪、四禪，這是隨著因緣所生，是方便力，所以說，「方便入諸禪，不隨禪生。」

一般來講，菩薩都是會出生在人間，因為悲心使然，不生於長壽天。即使他證得三禪，還是會來投胎人間，四禪也是一樣，到進入空無邊處、識無邊處、無所有處，還是可以在人間出生。但一般外道、不具菩提心者就沒有辦法，是在那個境界就要往那裏去投生，這就是被禪的力量所拘持。能出禪的境界是方便力。「教他令入禪」，則是大悲心，無所得是方便相應。所以我們進入禪定，跟菩提心、大悲心、方便力、無所得般若來相應，這才是禪波羅蜜。

又說：「菩薩摩訶薩住諸法等中，不見法若亂若定，如是，須菩提！菩薩摩訶薩住禪波羅蜜。」菩薩摩訶薩住在諸法平等的相中，不見法有何亂？有何定？都是一樣的體性平等。在平等相中，就是菩薩住禪波羅蜜，這個見地是很殊勝的。菩薩是如何具足的？《大寶積經》言：「入如是定，都無所依，是菩薩入禪。」入這些定境，什麼定境呢？四禪、四無量心、四無色定、八聖處、一切處，一切所有的禪定等等，入這些定都無所依，就是菩薩入禪。「其心愛樂，為於入於無上解脫定故，是菩薩修行禪定，願令一切眾生得度解脫故，為得一切止，具足一切佛法故。」菩薩入於一切禪定都無所依，為了要進入無上的解脫定，所以菩薩修行禪定，也是為了要使一切眾生得到解脫，得到一切止、具足一切佛法，所以入如是定都無所依，不依色、聲、香、味、觸，不依色、受、想、行、識，不依地、水、火、風、空、識，不依前世、今世、後世，不依十方三世、不依五蘊、不依六根、六識、六塵，不依整個六大，不依一切來修持定，這就是菩薩禪定。

「如是修諸禪，然彼禪迴向阿耨多羅三藐三菩提，雖思惟此禪，然不起我慢等心。」菩薩修這些禪定，是要迴向無上正等正覺，思惟修習這個禪，但不起我慢分別的心，這樣子才是菩薩禪定，所以說用「淨」代表禪，這是大乘佛法的特質。

在菩薩禪裏面，也用平等、等持來代表菩薩禪。在《海龍王經》裏面說：「不以禪行等於本無而以正受，於本淨法而至平等，等一切人而至平等，諸法本淨，本無有色，不以三昧所行如應，心而不住內，亦不起由外，是無所住，度一切墮顛倒者，超外五通、聲聞、緣覺禪定正受。」《海龍王經》將來我們在修行禪觀的時候，也可以用來參考。一切法界眾相都是本然清淨，我們體悟本然清淨，而得到平等心，這是般若相應的禪定。所以以清淨平等來代表這個禪定。這清淨平等的禪定要特別注意的是：它是本然的，不是我們去思惟觀察，是本然平等清淨，我們這樣體會，就能夠修行成就。所以不以禪行等於本無。本無是什麼？「本無」是在格義佛教時期所翻譯的名詞，是借用道家名詞來說明，所以本無其實就是真如的意思。正受就是三摩地，就是禪觀，安住在正確的禪境界。「於本淨法得到平等」，因為本然清淨而平等。「等一切人則至平等」：所看到的一切人都是平等。這樣子諸法本淨，沒有色，三昧現起了所行，但是你不隨這三昧力所拘持，心也不住內，也不外，識也無住，超越一切顛倒夢想，超越五通、聲聞、緣覺的禪定，這是禪波羅蜜。

《大集經》裏面〈無盡意菩薩品〉說：

令此禪定住平等心，是名菩薩修行禪定，若入眾生平等智中，是名為定。心行平等，性相平等，畢竟平等，發行平等，是名為定。住於施、戒、忍辱、精進、禪定、智慧及諸法等，是名為定。如定等者則眾生等，眾生等者則諸法等，入如是等，是名為定。如是等定則等於空，等於空者則眾生等，眾生等則諸法等，入如是等，是名為定。如空等者則無相等，無相等者則無願等，無願等者則無作等，無作等者則眾生等，眾生等者則諸法等，入如是等，是名為定。自心等故他心亦等，是名為定。一切等者，所謂利衰如地、水、火、風，得是等心心如虛空，無有高下，常住不動。

這是說：心住平等，眾生平等，法平等，是菩薩禪定的精神。這邊也用「等」來講三三昧。

禪定是住平等心，所以我們修禪是平等相應心，是平等實心，不是說：「我修禪定，很高明哦！我現在已經住在這個境界啦！」不是的。我們要以平等心來修持禪定，這叫菩薩修行禪定。安住在眾生平等智裏面，叫做定。心所行平等，性向平等，畢竟平等，發心修行也平等，這一切都是平等，這個叫定。所以我們的心安住在平等，叫定。比如你們現在是安住在什麼平等呢？好像是安住在睡覺跟不睡覺平等夢幻一如中，因為我看到你們有些人開始要進入定（夢鄉）中了，所以稍微提醒一下。其實睡覺跟散亂不分別，都不住於兩邊，不偏於不亂、不昧，這就是平等，這樣才能夠修夢幻光明，不昧不亂才能修夢幻光明。

只要住於布施、持戒、忍辱、精進、禪定、智慧這六度波羅蜜及法界現起的諸法平等中，這就叫定。如果安住在菩薩禪定，定於等持、平等中，則眾生是平等，都是佛。眾生平等，諸法就平等，能入這些等，就叫定。能夠如是平等的話就住於空、等於空了。等於空，則眾生平等；眾生平等者，則諸法平等，能入這些平等中，是名為定。如果空平等的話則無相平等，無相平等則無願平等，無願平等則無作平等。這裏把無願、無作分開來，三三昧就變成「空、無相、無願、無作」四個。為什麼會這樣子呢？這只是一種推演的方式，無願本是無作，有的也把無願分成無作、無起、無願三個，以無願為根本，無願就產生無作，無作就不會有起相，就是無起。

佛法的名相都是這樣來的，可以一直擴張出去，但是在理上是一如的，是有道理可循的。所以接著前面又說：無願平等則無作平等，無作平等則眾生平等，眾生平等則諸法平等。這樣講出去又講回來，還是空，空到最後是眾生平等，眾生平等就是法平等。能入這樣的平等，就是定。然後自心平等故，則他心亦平等，這也叫定。「所謂利衰如地、水、火、風」，在晉譯的《阿差末菩薩經》，譯為：「如地、水、火、風無有愛憎」，代表我們的心要如地、水、火、風一般，沒有愛憎分別，也要心如虛空一般，不為利、衰、毀、譽等八風、八法所動心，無有高下，常住不動，這樣才是菩薩禪。

這是讓大家了解菩薩禪的精神，了解之後我們再來說如幻三三昧。因為如幻三三昧是屬於菩薩禪定，所以先具菩薩禪的見地，了知如幻，就能清楚空在這邊已經是如幻的異名，如此三三昧才能具有菩薩三昧的內涵。

接下來我們看如幻三三昧的偈頌：

「苦集如幻」這才是真的空三昧。一切法空就是平等，就是實相。眾生空，法亦空，平等空，一切空。有內空、外空、內外空、空空、大空、第一義空、有為空、無為空、畢竟空、無始空、散空、性空、自相空、不可得空、諸法空、無法空、有法空、無法有法空，一共有十八空。以前只講空，後來又衍生出許多空來了。三法印也是如此，本來是諸行無常、諸法無我、涅槃寂靜，龍樹菩薩依三法印又說：依實相緣起性空。為什麼三法印講一講會變成緣起性空？因為諸行無常、諸法無我，涅槃寂靜。到最後有的人就把它變成真言咒語——只是用來念誦的而已，不必實踐、體悟。本來是實相，是一個事實，結果到最後卻變成真言咒語。

大家有沒有發覺到佛法很多都已經變成真言咒語了？「這個念一念就會有功德！念完佛祖會來臨。」似乎都只用念的了。如果論到修行，就說：「沒有關係，佛菩薩已經為我們修好了。」我們念咒請護法來，他就替我們修功德，可能他就因此成就了，他也高興——我們也高興。我們高興的以為他已經替我們修好了！是這樣嗎？所以說念咒要特別注意、體悟，如果不安住在咒的體性裏面的話，只是念一念，那麼是他成就，你並沒有成就。這不用心是不行的。所以我常常開玩笑說：三法印都變成真言咒語了。

為什麼要講三法印？為什麼要講諸行無常？因為大家都認為有常，所以講諸行無常來破常；「諸法無我」，大家執著我，所以說無我來破。佛陀一開始提出來，對當時的人衝擊很大，所以大家立刻能夠證得。因此只講三法印就能夠證得了。但是話一講久，大家又覺得變成真言咒語了，衝擊不再那麼大，所以就比較難證得。怎麼辦呢？再弄一個「緣起性空」，比較新穎，比較有感受，於是，又很多人證得。但是這句話一講久了，又沒什麼作用了。

對於「空」的講法也是這樣，從一個「空」後，就出現有三空、七空、十四空、十六空、十八空、二十空。在經典裏也出現了這麼多形態的空，也有同一部經中，同時有十四空、十八空、二十空等等，有些人會說：佛陀講話都是誠實語的，都是從頭到尾一如的，怎麼《大般若經》裏面也有十四空、十六空、十八空、二十空的不同呢？其中是不是二十空最圓滿？是不是可以把這些不同的部分通通統一為二十空？這是不能亂改的，因為不同的地方的講經必然有不同的變化，這是依緣起不同之故，佛陀尊重緣起，所以說法也看緣起、看因緣的。

從三法印，到一實相印：緣起性空，後來又出現那麼多空，這是為了要打破我們眾生的思惟慣性。眾生一接受這資訊就一直想，一個法門提出來之後，我們想久了就把它當作腦筋裏面一個新的東西，是要破除我們腦筋裏面一個新的東西。本來空是要破除我們腦筋的執著，結果卻變成我們執著的對象。之後，只好再破它。如此一來，本來很複雜，又變得很簡單，又演化成很複雜，又濃縮成很簡單，一直變化下去。為什麼呢？講一個就好了，為什麼講那麼多？這個問題不要問佛陀，要問的是我們自己。常常講到後來就變成：「我是緣起性空的。」所以「我」就很執著「我的緣起性空」。例如我們講不生不滅，不生不滅是法界中一切東西都是不生不滅，可是現在有很多講經的都講成：「有一個不生不滅的東西，可以出生萬物。」把不生不滅當作一個東西來出生萬物，那跟大梵天王有什麼不同呢？這樣講下去真的會變成外道，大家要注意一下。

二、十八種空

十八空的說法是來自《大般若經》，《大智度論》裏也有。在《大智度論》卷三十一中有解釋這十八空：「若佛但說一空，則不能破種種邪見及諸煩惱。若隨種種邪見說空，空則過多。人愛著空相，墮在斷滅，說十八空，正得其中。」龍樹菩薩說：佛陀如果只講一種空的話，不能破各種邪見及種種煩惱，一空太少了，邪見太多。但是如果隨種種邪見說空，有杯子空、杯蓋空、水空、黑板空等等空則過多，所以不二講。但是因為人愛著空相，又容易墮在斷滅，所以說十八空，是最剛好。是不是剛好，不知道，但是他是說剛好。其實也差不多了，因為十八空大家還可以忍受，如果講一百二十空，大家恐怕就會受不了了，光背那些名詞就背慘了。

空，最根本是一切法空，分成十八空是代表有十八種類，這並不是窮盡了所有的總類，而是把十八種特別的體性講出來破斥的。

一、內空：就是我們的內法空。內法是指我們的眼、耳、鼻、舌、身、意六內處，也就是我們的六根。這六根（六內處）是無我、無我所，乃至眼、耳、鼻、舌、身、意這個法也是沒有的，乃至這個法所現起的法相，也是沒有的。而且這六內處充滿三十六種不淨，有時候講三十二種不淨，九孔常流不淨，所以清淨相不可得，是無常相，這叫內空，也叫內法空。

我們這樣講也是在觀，前面講空三昧就只有講空而已，現在空三昧有它的內容了，第一個就講內法空：眼、耳、鼻、舌、身、意六根內法空。

二、外空：是外法空。是指色、聲、香、味、觸、法這外六處是無我、無我所。這色、聲、香、味、觸、法六處沒有主體，也沒有它所有，而這法本身也是虛妄。但是因為凡夫為欲所染，所以「觀所著色以為淨，求其淨相猶如我身淨相不可得，是為說外空」。我們觀我們所著的色相，以為它是清淨的，但是這清淨的相是不可得，是像我們身體一樣不可得，外界的相不可得，淨相不可得，常相不可得，所以它是無常、無我之相。我們叫它外空，也叫外法空。

三、內外空：所謂內外法是指內六根、外六境，內外共有十二入。而這十二入中，無我、無我所。我們俱觀內外，我身不淨，外亦如是。所以說外身也是不淨，我也是如此，二者同等無異，都不是清淨的，所以叫做內外空。內六根、外六境，一個是內法空，一個是外法空，現在內外空就是將這兩個一起觀察。我們的眼、耳、鼻、舌、身、意六根，色、聲、香、味、觸、法六塵，這十二個內外俱觀，它們皆無我無我所，也沒有內外之法，都是不可得，這叫做內外空。

這樣很清楚了，如此觀察就有次第可循。

四、空空：空空就是內身、外身、內外身都空。但是猶「執空成病」，所以以空破前三空，內空、外空、內外空三者都是空。但是結果我們一觀，就執著它的空，就執空成病，所以就要再把這執著破斥。這也是空空三昧，我們能觀之心不著前面的三空，所以叫做空空。病亦空，內六根是空、外六塵是空，內空、外空、內外空，有病的心執著無病的心也是空，把空空掉的心也是空，所以「空空」。空空就入於寂靜，寂靜入三昧。佛陀年老時，有一次病得很厲害了，結果他一入滅盡定，病就好了。如果入滅盡定現在走了，也沒有什麼關係，但是不行！要發心，要倒駕慈航。

修行要能夠有用，如何生病是一個大學問。所以說病大哉！維摩詰生病，大家都來看他，他趁這個機會說法。病是什麼？病是說法的工具，病是修行的莊嚴。為什麼會有病？我們應該生菩提的病，生佛法的病，這是有莊嚴的。你說：「我生病跟佛法有什麼關係？」有！你生病是因為無常、苦、空、無我，所以業障現起，你的病是來證明佛法的實在、真實，這是因果的桂冠。我們看看密勒日巴祖師怎麼生病的？他說：「生病就是我修行的莊嚴。我生病的時候，我的心還是安住在佛法的實相裏面。」

生病是因果，死亡則是佛法的莊嚴。要正觀這些，看怎麼去生病，要生個凡夫病，或是一個修行人的病，或是解脫者的病，或是菩薩的病，或是佛的病。佛的病最大，為什麼？佛的病是什麼？他不度眾生，心就會覺得彆扭。佛的病叫願力病、菩提病、菩提心病，這病還醫不了，叫菩提癌。心裏面長著一個癌，心心念念是眾生、眾生。觀世音菩薩一淚成河就是這樣。生病咳嗽，就要好好的咳，好好正確的咳可以是中脈通的現象，它可以是內傷，也可以變成通中脈的方法。這就看你怎麼去生病了。

五、大空：大空是指十方世界沒有方所、方位、方向。這「向」的自性全都沒有。有說：「迷人依方故迷，若離於方則無有迷。」迷路的人為什麼會迷路？因為他要走路，要前往某個地方，所以才會迷路。如果不必走路去哪裏，怎麼會迷路呢？為什麼人會生病？因為有健康嘛！如果沒有健康就沒有病了。為什麼叫東西南北？很簡單，因為就叫東西南北啊！十方世界是四大合和而成，把日出的方向叫東方，日落的方向叫西，就是這樣而已。但是除了日出方向是東方、日落方向是西方之外，你還認為它是有個東方、西方，這就麻煩大了。什麼是東方西方？東方西方就是東方西方。除了東方西方之外，你再認為它是東方西方的話，就不是東方西方了。所以方位的假設是世俗語。在第一義中諸法不可得，諸法不可得所以叫大空。所以，什麼叫大空？大空叫大空。為什麼？因為諸法不可得，所以叫大空。大空無方所，所以叫東、叫西、叫南、叫北，而東、西、南、北不可得也，所以叫大空。

既然無方位、無方所，為什麼叫大空？它只是叫大空，不是另外一個叫大空的。聽得懂嗎？這個是回應剛剛的空空。講空講成這樣也很好玩了。你們以前聽到空會不會很緊張？這也空，那也空，這麼莊嚴、嚴肅的話也是空！其實你也是空的，講緊張也是空，說不必緊張也還是空。

六、第一義空：第一義空又稱為勝義空，就是所謂的真實空。第一義是指諸法實相，遠離諸法之外，並沒有所謂的第一義實相的自性可得，這叫做實相無所著。第一義空就是勝義，勝義就是空，勝義菩提心就是空菩提心。菩提心無相，就是有菩提心，就叫勝義菩提心。勝義菩提心非內非外，無方所，所以勝義菩提心能夠心心念念，等持安住，不壞、不變、不易、不昧，它不是由因緣所生。因緣所生，緣起還壞。所以說第一義就是實相、真實。實相，別無實相，名為實相。所以什麼是實相般若？現前法界即是第一義，就是實相般若。實相般若不是用另外一個實相來取代這個假相，而叫實相。這假相就是真實，就叫實相。這假相既然是真實，它就是無為，就是無所著，這才是實相。千萬不要另外立一個假相。

什麼叫第一義呢？現前一切法界萬象中的緣起性空，是不生不滅、不來不去、不一不異、不常不斷。不生不滅就是現前義，不是遠離現前，另外有一個不生不滅之物，所以說實相無所著。我們如何見實相無所著？就是無所住心，「應無所住而生其心」，它的修持方法是：「生其心時，應無所住」。這是實相之行。能夠修之無修，無所得修，無所得證，無所證則證無可證，無可證故依無所得，故得阿耨多羅三藐三菩提。這是第一義。沒有第一義的實相自性可得，所以實相是無所著，這第一義是勝義諦，是真實。

諸法的第一義法是涅槃，涅槃的法也是空，所以涅槃亦空，就叫第一義空。

七、有為空：有為空是有為法空。因緣所生就是有為法，色、受、想、行、識五蘊，以及六根（眼、耳、鼻、舌、身、意）、六塵（色、聲、香、味、觸、法）等十二入，中間產生眼、耳、鼻、舌、身、意識，加起來一共十八界。五蘊、六根、六塵、十二入、十八界，這些種種法都是有為法，是因緣和合所生，這些都是無我無我所，因緣法相不可得，所以叫做有為空。

八、無為空：無為法是非因緣所生的法，像虛空、涅槃等法。這些法也不可著，所以叫無為空。無為空能破一切涅槃之相，所以說虛空不可得，涅槃相亦不可得，這都是無為空。

九、畢竟空：也叫至竟空。當我們講內空、外空、內外空、空空、大空、第一義空、有為空、無為空這八空是破一切法，已經沒有其他任何不空的法，所以沒有住法之外，也沒有空可以執著，叫做畢竟空。空空破前三空，畢竟空再破前八空，這是第二層的破斥了。

我們再複習一下，這個不是讀過而已，是要思惟觀察的，如果只是像念咒而不知道意義，那樣是沒有用的，念咒只是幫助大家思惟，持咒到最後，一有什麼事情，這個念頭就是如法，整個念頭的心境跟咒力完全相應，從體性中生起，這樣才是咒力成就。所以大家要如法的不斷讀誦、不斷思惟，這才能幫助自己的修行次第增上。最重要的是要了解它破斥的原理，修觀的原理，先觀內空，再觀外空。我們的內六根、外六塵是空的，所以內空、外空、內外空，然後再把空的執著破掉，叫空空。再來正見法界一切萬相都是空，是大空。大空之外，勝義空，一切是第一義空，涅槃也沒有相，所以實相亦不可得。再來分別是有為、無為空。有為空，一切因緣合和法都是空。無為空，不是因緣所成的，像虛空、涅槃相……等等，這也是空，連這個空也是空的，所以叫畢竟空。一直破斥到這邊都是很有次序。

十、無始空：又叫做無限空、無際空，又稱無前後空。無始，當然是無後了，無限、無際、也無前後，是無始空。一切法起於無始，但是對於這個法亦捨離，不執取，叫做無始空。例如我們世間眾生，並沒有所謂一開始的相貌，因為今生的相貌是從前世因緣所有，前世又從前前世所有，一直追溯下去而不可得，這叫無始空。佛法裏常講「無始以來」，好像是始於無始，其實，無始空就是要告訴大家，連這個無始也不要執著，不要假設一個無始相。無始本來就是無始空，但是我們在思惟過程裏面，常把無始當作一個始。如果能把這個觀成就的話，能體悟無始空的話，你們對時間的體會有另外更深的不同，境界立刻會增上。

現在大家對時間的感覺，有沒有不一樣了？腦中有沒有特殊的覺受？腦中時間的脈有沒有變得比較通了？時間的脈在你的心裏面，如果對以上這些話能夠有體會，就是時輪金剛的灌頂啊！能破時間之輪。而且這樣的灌頂是了知：「喔！原來時輪金剛就在我心裏面，不是外來的。」時輪會相續的加持。時間無始空，就能體會了。

十一、散空：又叫「散無散空」、「不捨空」或「不捨離空」。諸法是和合假有，畢竟是別離三昧的相，無所有。《大智度論》中舉了車子的例子，說：車子是用輻、輞、轅、轂這些東西組合而成的，如果這些東西散開各於一處的話，那還是車子嗎？這是要大家對因緣有更深的體會，所以說散或無散，都是空的。如果任何一個東西、事物的緣起條件都能清楚地知道，並在當下看到，也都知道它是空，這樣子就能夠趣入這個方便。剛剛前面只是一個空、一個要這樣看，現在已經看出它組成的緣起相了，這樣子的修習才有辦法進入無盡緣起。例如你看到旁邊這台錄影機時，就發覺到：「原來它已經散開了。」你已看到這散開的種種相，看到它散了，是空相。所以你看到這個錄影機，就是根本沒有這個錄影機嘛！你看到這個散現象，同時也了知它的緣起是這樣子的。

既然看見其緣起，是不是就是進入無盡緣起的入門？先看到一相的緣起，再擴大就能看到法界無盡的緣起，這樣子是不是可以幫助我們進入海印三昧？答案是肯定的。大家對一切法漸次融攝，就會愈來愈清楚了，修行要這樣才有意思。

一層一層的去交涉、總合，否則講了半天，「什麼是什麼？它為什麼要來？為什麼要去？它來是什麼東西來？」都沒辦法愈來愈清楚，而這個散空能夠幫我們看到緣起相。

十二、性空：又叫本性空、佛性空。諸法本性是空，都是從因緣和合所生。如果不和合，也就沒有體性可得。現在，性空是要我們從體性裏面看它的緣起性，不再像前面那些空只是從外面的情形來看而已。這個體性也是指佛性，所以說佛性亦空，在修行上我們要成佛，也認為自己有佛性，所以我們還是執著佛性，現在講的性空，正是要破斥這個執著，這裏破斥得很厲害！前面「無始空」把時間打掉，「散空」把空間性也打掉，現在「性空」連體性也要打掉。佛性也是空的，所以諸佛會生起，是有緣起，如果沒有諸佛生起的條件，也就沒有了。為什麼一定要有諸佛？不一定。所以體性亦空，法界不可得，這句話大家要更清楚。成佛與眾生，是我們的因緣，我們有眾生的因緣，所以有成佛的因緣。眾生、佛亦不可得，眾生與佛對法界來講是一樣，所以佛性亦空。所以本性空、佛性空，諸法自性空，都是從因緣和合而生。如果不和合，就看到了不和合相，無體性可得，是故佛亦不可得，有佛無佛亦不可得。

諸法由因緣所生，自性本空，自性空，所以能夠成就諸法。自性空，所以能夠緣成諸法，諸緣起是因緣和合而生；不和合，體性亦不可得。大家有這種覺受的話，會開始徹底影響你的生活，即使是生起病來也會跟以前大不相同。所以說，諸法自性本空，一切病也都是從因緣和合所生，病的體性不可得。病的體性不可得，還要這些病相幹什麼？這叫性空。

十三、自相空：又稱為「自共相空」，或是稱為「相空」。一切諸法有兩種相，一個是總相，一個是別相，這樣的分法後來就發展成華嚴三昧的六相，《華嚴經》〈金師子章〉就是依據這個來的。比如一個香爐，這是總相，它是生滅不住的。是本來沒有，因緣起就有了。有了之後，它還會還無。它是陶土燒製的，所以本來沒有這個香爐，現在有了，但是香爐可以用多久？哪一天被摔破了就沒有了，或是哪一天蓋子和爐身分開了，那還叫香爐嗎？而且它們到底是一個香爐還是兩個香爐？所以這個總相，是有還無，是無常。另一個相是別相，別相是指地有堅相、水有濕相，地、水、火、風各別有它們的相，這是別相。而總相是整體現起的相。

煙有煙相，煙相是水火二相所生，煙裏面也有水相、也有火相，否則就沒有煙的產生。水有水相的自性，火有火相的自性。依前面所說，總相是空的，本無今有，今有未來還無，這是無常相。而別相：地是堅相，水是濕相，火是熱相，風是動相，都是具有這四相，但是總相跟別相都是空的。如此觀察一個香爐，就可以悟道。這也可以叫做「格物致知」吧！哪裏是佛堂？臭水溝是不是佛堂？莊子都已經講道在屎溺了，我們還在講道在佛堂。這是從總相跟別相來看，自相、共相都是空。

十四、諸法空：諸法空又稱為一切法空。五蘊、十二入、十八界這些法沒有實相，都是空的。所以我們無取無捨，能夠遠離一切執著的見地。這跟有為空、無為空，有一點等同，但是方向上不一樣。有為空、無為空是把有為、無為的相都徹底看空；諸法空是一切法都空，而且都無取無捨之後，連這諸法空的空見，我們都遠離了。這是把一個一個拆解完之後，現在再回來把它們總攝起來。

十五、不可得空：又稱為無所有空。又是把前面一切緣起的諸法，一切因緣合在一起的存在，認清其全部是不可得，例如我們看這香爐的根源，它的土、它的水、它的火⋯等等，地、水、火、風這些種種因緣種種法，它們組合起來的因緣時節是什麼，這樣去探求它，看它哪裏有「我性」？結果求不可得。哪裏有法？也不可得。沒有體性，這些法都是虛的，所以這叫不可得空。這是我們主動侵入根源去看它，不只是觀，而且要入，比前面講的更深。例如我們常說「眾生是佛」，這句話感覺也不錯了，但說得太頻繁後，就需要點更深的刺激，所以又說：「誰不是佛？誰不成佛？」跟這個同樣的道理，不可得空，在心態上是一個更積極、更趨入的了悟。

十六、無法空：無法空又稱為無性空、非有空。諸法若已壞滅，就沒有自性可得，過去未來的法亦是如是，這叫做無法空，跟散空是一樣的觀察，但是它又攝入了十方三世。前面的散空是我們看它是散掉了，現在，更徹底，現觀諸法已經毀壞，自性已經不可得，過去未來都是這樣子。我們這樣徹底地去看它，這是無法空。

後面這些東西：諸法空、不可得空、無法空，是前面空見的深化、鞏固作用。

十七、有法空：又稱為自性空、非有性空。諸法是從因緣而有，因此現在執有非實有。例如現在又重新來看這個香爐，這香爐現在有了，但這「有」不是實有，再把這個「有」徹底地觀破，這是叫做「有法空」。

十八、無法有法空：又稱為無性自性空。這是一個總結，總結三世一切法的生滅，還有無為法，都一切不可得。

我們整個來看：內空、外空、內外空，這三個是講內六根、外六塵，是以我們主體的存有來作為觀察的空，這是一個根本。這樣的觀察之後，還要把我們空前面三空的執著去掉，所以叫空空。所以前面的四空就是在處理以我們個體為主體的空之現象。

這樣一來，空的基礎有了，所以進入第二個階段：大空，因為前面以自己為主體的我空已經建立了，這時候的大空則是以法空為根本，一切整個都是空，十方世界都是空。這個根本又建立後，再從大空建立第一義空。大空之後，我空、法空都已經建立了，現在要進入勝義的空，連涅槃亦不可得，一切都是實相，實相也沒有什麼實相可得。到這裏是整個從我空進到法空的階段。

再來，從作用性來講，依有為、無為來分別。整個因緣和合所生的都是有為，如五蘊、十二入、十八界乃至一切眾法有為性，它們都是無我無我所，都是因緣法相，因緣法相也不可得，所以是有為空。無為空是指不是因緣所生的，比如虛空相、涅槃相，這些亦是不可得。所以有為、無為都是空。以自我為體性對象的我空，跟以法界為體性的法空，然後再從修行境界來看，乃至建立的境界來看，有為、無為亦是空。然後，這八空我們要畢竟把它空掉，因為不能夠起空執著，所以說再用畢竟空來破。

畢竟空之後，對時間、空間也要有一個更深的觀察。首先針對時間，要連無始這個觀念，都是不能夠建立的，無始就是無始，不能夠有一個無始的東西在，所以說無始要空掉，把時間的系統再破斥一次。又，空間是緣起性，我們現在看這個境界或車子，我們現在看到它，它存在於這個空間中，但是如果車子把它拆開了，就沒有車子的自性可得。所以這個車子的體性是緣起，不固定存在於空間中，所以也是空，諸法都是因緣和合所有，散於一處，車就不存在。這是從空間上來看的散空。

不只是時間、空間是空，連時間、空間所構成的體性也是空的，所以接下來有本性空跟佛性空。諸法是自性本空，從因緣和合而生，不和合的話，體性也不可得，這是從時空跟體性、心性上來看空性。之後，再總攝而言，一切諸法的現起有總相有別相，總相是空，別相也是空，總相是聚起的相，別相是這個聚起相背後的地水火風種種的內容，所以這是自相空。再來，進入諸法空，諸法空是什麼？是一切法界、一切眾法皆不可取、無取無捨。它是一切實相一切皆空，我們無取無捨，能夠遠離一切妄見、煩惱，所以是諸法空。它是對前面，從法空上面的全體的鞏固。再來是不可得空，一切諸法因緣畢竟為空，我們現在再趨入求取，沒有任何我所有及法所得，所以說是不可得空。

無法空、有法空，無法空是諸法已經幻滅，沒有自性可得，過去、未來的法都是這樣子，所以一切都是無性、一切都是無法現空的。有法空，諸法從因緣而有，但是現在的有，不是真的有。所以把它的建立跟不建立再徹底地摧毀，就是再空一次。無法、有法空是總攝三世一切諸法，生滅及無為法，一切都是空不可得。所以總共是十八空，含攝一切空境次第。

在《中阿含經》裏面的《大空經》，是講內空、外空、內外空。在《般若經》系統裏面有十四空、十六空、十八空、二十空，這裏面的名相不大一樣，不一定是二十空的就能含攝十八空。十四空的話，有內空、外空、內外空、空空、大空、勝義空、有為空、無為空、畢竟空、無際空、散空、本性空、自共相空、一切法空。十六空裏面有內空、外空、內外空、空空、大空、勝義空、有為空、無為空、畢竟空、無際空（等同無始空）、無散空、本性空、相空、一切法空、無性空、無性自性空。二十空是內空、外空、內外空、空空、大空、勝義空、有為空、無為空、畢竟空、無際空、散空、無變易空（等同無散空）、本性空、自相空、共相空、一切法空、不可得空、無性空、自性空、無性自性空。

在十六空裏面有「無散空」，沒有「散空」，十八空裏有「散空」沒有「無散空」。在二十空裏面二者都有，再加了一個「無變易空」。無散空就是無變易空，因為散空是散掉就是變易的、沒有了。在二十空就有一個無變易空，所以散空、無散空是對這樣的境界。十八空裏面只有散空，沒有無散空，但散空廣義而言，也含有散、無散空，而這無變易空在十六空裏面也有。十八空裏的散空在二十空裏面可以拆開成兩個，意思都是一樣。二十空裏面有自相空、共相空，在十八空裏是合成自共相空。所以十八空事實上是跟二十空一樣，只是二十空拆得更細而已。所以總約而言，十八空大概就能夠含攝一切。空是實相，不是意識形態，大家要仔細去思惟、觀察。

十八空包含了苦集如幻三昧，一切法空如實相，內空外空內外空，空空大空第一義空，有為空及無為空，畢竟為空無始空，散空性空有相空，諸法空不可得空，無法及有法空，無法有法空十八。總共有十八個空，是空的次第觀察。這你們要仔細去思惟觀察。

接著繼續看偈頌：

「無生如幻破諸惱，諸法實相滅眾苦」我們體悟了這樣的十八空之後，對空的體會會更深遠了，如幻觀就能夠如實生起。而且當我們觀空，空愈大，悲心當然是愈大。從空體悟到一切無生，一切當下都是無生，一切當下無生就是如幻。是如幻，所以煩惱的現象根本無我、無我所，根本是究竟不可得。無生如幻裏面，一切痛苦煩惱根本不可得。痛苦煩惱的現象，還有我們痛苦煩惱的感覺，是不是有呢?是有的，但是，有，也是虛幻。那我們為什麼會感覺有?因為我們虛幻，而感覺有。所以說以虛幻來感覺有，當然是不真實的。既然不真實，我們修證成就的人，絕對不落入這樣的煩惱當中。

所以空本身它是有作用的，所以無生如幻能夠破除一切煩惱，空這個諸法實相能夠滅除一切眾苦。所以如果有人說：「我會觀空，有成就空」，但是煩惱並沒有消失，這樣的空是不圓滿的，「空」完全不是理論，它是實相。實相就能夠滅除眾苦。所以「無生如幻破諸惱，諸法實相滅眾苦」，它是有作用的。會觀空，煩惱還是有，這樣是不行的。這樣子你「空」的修行不算圓滿。這兩句是對應如幻三三昧的空三昧，大家要體會。

三、從空三昧到無相、無願三昧

「戲論空相未證空，計有空相離實相，知空觀前無空相，無空解脫三昧門。」現在從空三昧進入無相三昧。所以我們就來檢證無相三昧的空。十八空中從內空、外空、內外空到空空，第四個是以空來破除內空、外空、內外空後所形成的空執，所以叫空空。因為有可能在這當中仍住於空相。所以之後又有畢竟空再破前面八空。所以一個次第一個次第上去，到無法有法空再把前面十八空都破除掉，就全部圓滿了。但是之後可能還有什麼？還有空的味著。如果說還有空的味著，這又是不對的，你還執著有一個空，一個無法有法空跟一切皆空。從前面內空、外空、內外空用空空把它破掉了，一層一層破，結果還是執空。這怎麼說呢？怎麼是這樣子呢？怎麼會有這個問題呢？這問題是隨時在出現的。

在《金剛經》或是《般若經》系統裏面，它用空的兩重次第來解釋所有的菩薩行。這空的兩重次第就是我們一直在講的：方便道和般若道。般若道涵蓋什麼境界呢？廣的般若道而言，是自你初發心之後，到七地之前。狹義的般若道是初地到七地。你證得般若就是得到法眼淨。而方便道是指七地以上。那這怎麼修呢？當你證得初地的時候是不是證得無生法忍？也算是。是不是得法眼淨？是的。是得一分法身，遠離前面的煩惱、一切雜染，而得到無住道，得到般若。那麼這般若是什麼作用？破除之前的貪、瞋、痴。那這般若有沒有？有。有就不空了，所以說叫初地，而不是二地乃至七地、八地。所以知道有般若的，當然是在初地裏的人，代表有般若，所以還是入空境，這叫住於般若境。

初地般若對下界而言是破除煩惱的，但對上地而言，它是障礙。我常告訴大家，我寧願你們有二地的煩惱，而不願你們有初地的功德。為什麼？初地的功德叫初地的功德，二地的煩惱叫二地的煩惱，煩惱是痛苦，卻可以令我們超越，所以寧願你們有二地的痛苦，也不要你們有初地的快樂，這是方便道跟般若道。總約而言，從初地到七地之前（六地）是般若道，七地以上是方便道，但有些人認為是八地以上。這樣的分法其實是後來的一些般若學家，或是一些修行人，把它們限制死了。

其實在《大智度論》裏面沒有講得這麼固定。方便道跟般若道是什麼？在初地的時候，有沒有般若道？有。初地般若有沒有雜染？當然有，你住在初地般若就有初地般若的雜染。怎麼遠離初地般若的雜染？用方便道，以方便力來超出。所以，方便力出於初地般若就進入二地。二地對於初地來講，是斷初地貪。對三地來講，二地是障礙，因為你執著二地般若，所以當你說：「我是二地菩薩。」就代表你不是三地菩薩。

所以，到了三地又要再破一次，以方便力出三地，進入四地、五地、六地、七地等等也是如此。這裏面有一個即入作用、一個脫出的作用，菩薩將入畢竟空，絕諸戲論，菩薩將出畢竟空，嚴土熟生。一個是進入是般若力，一個是超出是方便力。同樣在每一地裏面都有。在初地、二地、三地、四地都可以說有般若道及方便道。所以對十八空或者十八空之後也是如此，都是一層一層的破。至於七地或是八地就是自在現起，已經進入無功用行的偉大妙作用。這無功用行就已經不執了，但是要看功德圓不圓滿。功德圓滿的時候，從七地、八地、九地到十地都是無功用行，都是方便力用。在這個階段就是要看你之前的發願大不大，你的功德大不大，這牽涉到你成佛的速度。

接下來說：「戲論空相未證空，計有空相離實相。知空現前無空相，無相解脫三昧門。」你言說戲論空相，嘴巴說說而已，並沒有證得真正的空。你計著有這空相的時候，也就是遠離實相。一切現空，怎麼有一個空相可得？所以要了知空現前沒有空相，才是無相解脫三昧門。這是如幻三昧的無相三昧門。空三昧、無相三昧、無願三昧，是可以跟《大手印》配合起來看。空三昧是什麼？是專一瑜伽。所謂專一見明體，徹見空三昧。再來對於空我們不能執著，有空就有不空，有真就有俗，那怎麼辦呢？就要離戲瑜伽，遠離真俗對待的煩惱。無願無作就是要進入一味、無修的瑜伽。

這裏面其實要說這個一定是哪個階段，那個一定是哪個階段，都只是後來為了教化解說方便而設的。其實像在佛法初期，尤其中觀，像《大智度論》裏面的說法，大部分都很活，沒有一定是如何對應。像般若道、方便道，早期講的就比較活，後來講得比較實際一點，否則沒有辦法為學習者定位。例如我們通用的及格觀念，五十九分就是要留級。我問大家：在早期學堂裏面有那樣的事情嗎？沒有。但是問題是後來勢必要要求很清楚的標準及定位，所以才用這種方式。其實五十九分跟六十分到底差在哪裏呢？有差別嗎？很難說。但一分之差就有截然不同的待遇。我們要認清固定標準的功能，也要明瞭它的荒謬性。否則只是被一個客觀的假象控制我們的生命。又例如一張支票四萬塊，就過了，但是三萬九千九百九十九塊呢？退票。只差一塊錢！所以這已經被數目字控制我們的生命。

所以無相三昧，可以講是離戲到一味，無願也可以講是一味到無修。是可以用這樣來理解，而且如果能這樣體會的話，法才是活的。

「空相現空具觀智，既無能所誰空觀，無作無起無分別，如幻三昧無願門。」

空相現前空，但是他具足觀察的智慧，但是問題來了：沒有能，沒有所，沒有能夠觀空的人，也沒有觀空的對象。都是現前空，你觀察智慧的話也是空。那誰來作空觀？你們說：「我在空觀。」我已是空，所以說在這邊無作無起無分別，無作用、無生起，沒有分別，所以這個如幻三昧無願之門，進入圓滿的一味以上的境界。

「三解脫門唯一法，以行因緣說為三。觀諸法空空三昧，空不可取轉無相，無相無起轉無願，三三昧法體一如」。空、無相、無願這三解脫門，其實只有一法而已，但是因為我們在修行現起的如幻因緣裏面，我們說它是三個，其實它是以一義多位。

要了解這個的話，請大家看《大智度論》，裏面講得很清楚：「是三解脫門，摩訶衍中是一法，以行因緣故，說有三種。觀諸法空是名空，於空中不可取相，是時空轉名無相，無相中不應有所作為三界生，是時無相轉名無作。譬如城有三門，一人身不得一時從三門入，若入則從一門。諸法實相是涅槃城，城有三門，空、無相、無作。若人入空門，不得是空，亦不取相，是人直入，事辦故，不須二門。」摩訶衍法就是大乘法門。這三解脫門在摩訶衍法裏面是一法而已。但是由於我們實踐的因緣，所以有三門。觀一切法空就是空。所以觀諸法空是空三昧。空中不可取相，即轉成無相，所以是無相三昧。無相中不會有所作，也不會生起三界的生死煩惱，所以這是無相轉為無作。

三解脫門就像一個城有三個門。一個人的身不能在一時中從三門入，要進入的話只從一門。以諸法實相叫涅槃城。涅槃城裏面有三個門，一個叫空門、一個叫無相門、一個叫無作門。我們現在從空門入，也不得空，也不可取相，這樣直入城中成辦你的事，此時就不需要再從其他二門了。由此我們就知道三三昧法體一如。在《大智度論》中說：「若入是空門，取相得是空，於是人不得為門，通途更塞。若除空相，是時從無相門入。」我們如果從空門入，執入空門，取空相，這樣這個門就無法作為入城的門了，為什麼呢?因為有堵塞啊!所以這時候要除空相，就改從無相門進去。本來一門就可以了，現在為了修行的因緣而有第二門的必要了。又《大智度論》說：「若於無相相心著，生戲論，是時除取無相相，入無作門。」我們現在從無相這個門進去，如果在這無相的相心生執著，生起戲論。這時候要除無相的相，就由無作門進入。無相本來就是沒有相，我們還產生了一個無相的相。

我在教打坐的時候，常常有同學告訴我：「老師，我剛剛打坐的時候，什麼都沒有想。」我問他：「你怎麼知道？」入無想定的時候，知道自己要入無想定，起無想定的時候，知道自己要起無想定。但是滅盡定會不會？不會的。入滅盡定，不會說「我要入滅盡定」；出滅盡定也不會說「我要出滅盡定」。如果有這樣的話，就是有作意、思惟。有的也會說：「老師，我沒有呼吸。」其實，他講話的時候一定有呼吸，當他特別注意到「我沒有呼吸」時，其實就開始呼吸了。「我感覺什麼都沒有。」那也有一個什麼都沒有的感覺吧！這就是無相相。如果入無相門時有取無相相的情形，就要破除它，就入無作門，無作門也就是無願門。這三個解脫門是諸法實相，是體一如，也可因修學情形化為三者，這是摩訶衍法大乘法門中所解說的。

「善觀世間即涅槃，無相無作涅槃空，世間如是如實相，無有自性體如幻。」我們從《大智度論》來看：「以是三解脫門，觀世間即是涅槃，何以故？涅槃空、無相、無作，世間亦如是。

問曰：如經說涅槃一門，今何以說三？

答曰：先已說，法雖一而義有三。復次，應度者有三種，愛多者、見多者、愛見等者。見多者為說空解脫門，見一切諸法從因緣生，無有自性，無自性故空，空故諸見滅。愛多者為說無作解脫門，見一切法無常空，從因緣生，見已心厭離愛，即得入道。愛見等者為說無相解脫門，聞是男女等相無故斷愛，一異等相無故斷見。佛或一時說二門，或一時說三門，菩薩應徧學，知一切道，故說三門。」

我們證得三解脫門這個境界了，會有什麼現象？觀世間即是涅槃，自然而然地我們隨時隨地看這個世間就是涅槃相。所以才說「善觀世間即涅槃」。具足三解脫門就會具足這種力量了。為什麼呢？因為涅槃是空、無相、無作，而世間也是空、無相、無作，所以說世間即是涅槃。世間是這樣子的如是如實相，所以沒有自性，體是如幻。在《大智度論》裏面講：經中言說涅槃一門，現在怎麼說了空、無作、無相三個？那是因為雖然是一個但是義理有三種。為什麼要講三種？這是對治法的緣故。要對治怎麼樣的眾生呢？龍樹菩薩說，因為眾生大致可分為愛多者、見多者、愛見等者。有人偏重於愛的執著，有些人偏重於各種看法意見，有些人情感跟理性平等的。愛多的是情感多的，見多者就是理性多的，愛見等的是理性跟情感相等的人。

對理性、意見特別多的人，可以為他講「空解脫門」，讓他不要執著，因為見一切法都從因緣所生，沒有自性，沒有自性故空。你就思惟得很清楚，原來這一切法都是空的，都是從緣起所生的，沒有自性，所以空就能滅除你的各種見。愛多者，就跟他講「無作解脫門」，因為他看到現象，見一切諸法無常所以痛苦。這些無常苦的東西都是從有因有緣來生起。看到這些現象是有因有緣而生起，所以心裏面會有厭離這個現象，而愛多者，就請他修無作解脫門，不要去執著了，要了知一切法無常、空皆是因緣所生，久而久之，就能心厭離愛。愛見平等者，就跟他講無相解脫門，了知男女所有眾相是空的，所以對於愛沒有什麼好貪著的。而一異等相也是空的，所以能斷除對這些見的分別作意。

所以他說：佛有時候說一門，有時候說兩門，有時候說三門。不一定。但是菩薩要遍學一切門，要遍學三解脫門。所以你不要說佛陀沒有講三解脫門就不是佛說。只要對你有用，他跟你講一個解脫門就好了，為什麼要跟你講兩個、三個？講太多結果愈講愈迷糊，本來他已經快證入阿羅漢了，結果又告訴他：「等一下！還有！」這等一下那就麻煩大了！他可能就沒辦法證果了，經典就是契經，契經就是契於因緣，經的字義就是用線穿串，契因緣也就是一條線牽引。我在這邊有這樣的因緣講這些法，所以我在這邊講大家會聽，我如果到體育館跟那些打籃球人說：「來！我跟你們講三三昧。」啪！可能就有一球打過來，這都是因緣不同之故。所以，經典是依因緣所說的，論典是把這些不同因緣所說的理，把它們平面性地整合起來。佛陀有時候講三個、講五個、講八個，不一定。不能說他講多講少，就要把它改成一致性，改成所謂的標準答案。否則就要問：「佛陀，你的標準答案是什麼？」我說：「你都沒有標準人相了，怎麼會有標準答案？」你生一個標準的樣子給我看，我就給你標準答案。

你們每一個人標準嗎？既然你們不大標準的話，就沒有一個標準現象的法給你們。一般在評斷正常或不正常是以人數多者，大部分的人都是如此為正常。有一個故事說：在一個地方有一個修行人，那地方的井水被下毒了，喝了會發瘋。村子裏面的人都喝這口井的水，結果每個人都發瘋了，就剩下那個修行人沒喝，他叫大家不要喝，結果大家以為他發瘋了。每一個人都發瘋了，就剩下他沒有瘋，他好痛苦！怎麼辦？最後他只好去喝井水了。所以有時候大家說：「他精神不正常！」可是我從來不這麼認為，因為我認為他們都很正常，恐怕是我們不太正常。

我們高興的時候要笑，笑是嘴唇向上牽動這樣子叫笑。如果說從開始的時候，我們認定肌肉牽動向下是叫笑的話，而且這樣子我們會比較舒服的話，那麼現在笑跟哭是不是完全相反了？這道理很簡單，有些人的神經系統不完整可能也會造成這種情形。有一個醫療個案，因為那個病人笑起來像哭，其實她是在笑，但旁人看起來像是在哭，所以動手術把她的神經系統稍微調整一下，就痊癒了。有些鬼臉症的患者，也是如此，他的神經系統跟一般人不太一樣，那也不能叫他不正常，那不是他不正常，是跟我們不一樣，不是叫不正常，只是因為反應的方法不一樣而已。所以我們對很多事情的看法要正確，要很寬廣。

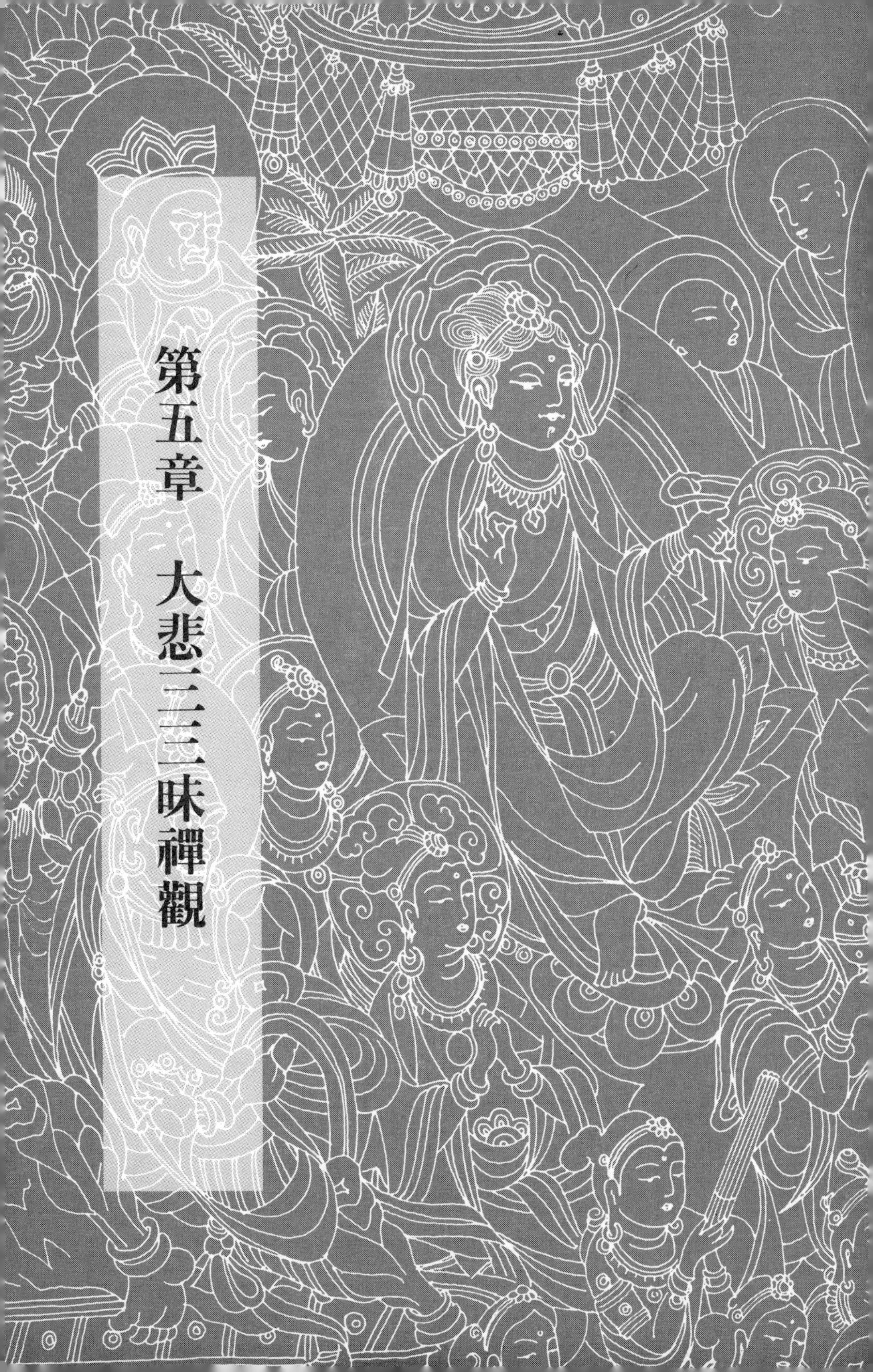

第五章　大悲三昧禪觀

第五章　大悲三三昧禪觀

法無所見無所證，入空三昧不證空，不深攝心繫緣中，不退道法不盡漏。
具大智慧深善根，大悲菩提念無間，緣諸有情慈三昧，行空不證有無相。
如鳥飛空而不墮，行於虛空不住空，行空無相無所作，不墮空無相無願。
如善射人射虛空，箭箭相拄自隨意，能令不墮大自在，方便所護不涅槃。
諸法實相無可證，不捨眾生發大願，善攝眾生三三昧，空無相無願解脫。
大悲心及方便力，入空三昧解脫門，不證實際不失念，能斷眾生有所得。
無上正等正覺心，無相三昧解脫門，能斷眾生行我相，慈悲喜捨不失心。
顛倒妄想苦造作，眾生輪迴極可憫，能入無願三昧門，無住不證解脫中。
斷除虛妄顛倒想，安住菩提無退轉，念諸眾生大悲具，深觀法相不可得。
現空無相無所作，無願無起無所有，無生無滅法爾相，入空不證空三昧。
入無相無願無作，無起無生無所有，不證一切不涅槃，大悲菩提三三昧。

如幻三三昧是菩薩行的根本，再來，我們要有大悲心來生起大悲的三三昧。雖然是如幻，但是我們要相應於悲心相續不斷。

「法無所見無所證，入空三昧不證空，不深攝心繫緣中，不退道法不盡漏。具大智慧深善根，大悲菩提念無間，緣諸有情慈三昧，行空不證有無相。」一切諸法無所見，也無所證。我們證入空三昧的時候，有能力證入空三昧，但是我們不證在空境當中，不安住在空境當中。所以我們不生色心，不用空來生色心，而是繫在緣中，繫緣於整個世間的眾相當中。因為我們無見無證，具足不退道法，不退在空的道法裏面，具足不退空三昧，但是不證空，但是不盡斷我們的一切煩惱，也就是我們還繫緣世界裏，能入空、能證空，而不住空，以繫緣世間故，這是大悲三三昧的空三昧，從大悲菩提行當中起的作用。

能這樣的人是具足廣大智慧，具足甚深的善根。「具大智慧深善根，大悲菩提念無間」，大悲菩提心念念無間，這是大悲菩提的瑜伽，相應相續不斷，所以大悲菩提念無間。「緣諸有情慈三昧」，在這邊說明要怎麼修空三昧，緣諸有情慈三昧，是空三昧跟慈三昧同時修，這時候就可以說是空愈大慈愈大，空愈大悲愈大，悲愈大空愈大，慈愈大空愈大。「行空不證有無相」，這時的修行就不只是坐在那邊，而是在世間緣起眾行當中，完全以空來行，完全緣於空行，但是不證分別有無相的戲論，要有這樣的智慧、這樣的悲心，有這樣的願力。

「如鳥飛空而不墮，行於虛空不住空，行空無相無所作，不墮空無相無願。如善射人射虛空，箭箭相拄自隨意，能令不墮大自在，方便所護不涅槃。」大悲三三昧就像小鳥飛空一樣，行於虛空不住空，飛於空中不墮落，行於虛空當中，但是它不是住在空中。行於空中，無相也無所作，不墮在空、無相、無願這種境界裏面。這又宛如善射的人射虛空，射一箭、兩箭、三箭、四箭……一直射，箭的速度很快，第一支箭飛過去，第二支箭就射入第一支箭的尾巴，第三支箭又射到第二箭的尾巴……一直這樣子下去。結果所有箭一直射過去串起來，不會掉下來了，所以說「箭箭相拄自隨意」，廣大自在的威力能夠讓它不墮落下來。它如果墮下來，就是涅槃了，這個就是威力，而不是說第一支箭一射，永遠不掉下來。

我常常提示大家「念念無間」，為什麼無間？就是這樣子才叫無間，不是說把一個東西從頭到尾固定在那裏，那是落入三心：過去心、現在心、未來心，而是要箭箭相拄，自在隨意。這種威力就是方便力，為什麼菩薩不住涅槃呢？是方便力所護，是大悲心故，是大悲菩提念無間。大悲菩提念無間就是箭箭相拄自隨意，如善射人射虛空一樣，能令不墮落且得大自在，是方便力所護而不入涅槃。這樣我們對大悲菩提有更深的了解，也就知道「無間流水三摩地」是怎麼回事了。事實上法界不動，但是大悲威力貫穿了無間的法界產生大悲作用。所以這方便所護，讓我們不入涅槃。

「如善射人射虛空，箭箭相拄自隨意，能令不墮大自在，方便所護不涅槃。」

這四句話，對大家修行有幫助，也讓你們更深刻了解「大悲菩提念無間」的意思。

「諸法實相無可證，不捨眾生發大願，善攝眾生三三昧，空無相無願解脫。」

諸法實相是無可證的，因為諸法實相就是諸法實相，證不證都是諸法實相，沒有什麼可證。這時候不捨眾生，發起大願，有大悲菩提心，以善攝眾生的三三昧來利益眾生。三三昧本來是一個小乘的禪觀，現在不捨眾生發大願，用三三昧空、無相、無願解脫的三解脫門來攝眾生，是從大悲菩提發起的。

大悲三三昧怎麼修，怎麼行？

我們看偈頌：「大悲心及方便力，入空三昧解脫門。」在《小品般若經》卷七言：「菩薩具足觀空，本已生心，但觀空而不證空，我當學空，今是學時，非是證時，不深攝心，繫於緣中。爾時菩薩不退助道法亦不盡漏。」為什麼呢？因為菩薩有大智慧深善根故，所以說具大智慧深善根，大悲菩提念無間。

菩薩的退道法是什麼呢？就是把諸漏(煩惱)窮盡，在三昧裏面安住，這就是退墮。什麼是菩薩的墮落？是證解脫。我鼓勵大家有機會要讀《大丈夫論》，這裏面很有意思的，很像現代劇本的寫法。他寫的是菩薩的悲心和菩薩自己的對話，悲心告訴菩薩：「我終不放捨汝，」我不會放掉你的，我會一直糾纏你。大悲心糾纏菩薩，讓他不去證入涅槃。結果菩薩也不甘示弱地說：「沒有關係！你儘管放馬過來。」對修行人而言，涅槃是第一樂，但是菩薩卻說：連涅槃第一樂來就我，它自己來找我，直接進入我身心中，我都不要了，何況是我去求取世間的樂？這是不可能的事情！

對菩薩行者來講，所謂的解脫是要救度眾生，這才是唯一的事，也是第一要務。菩薩行最強調大悲，甚至還有成佛是菩薩墮落的說法，這種說法是比較激烈一點。認為成佛是墮落的人，古德稱之為「大悲一闡提」，哪些人屬於此流呢？像地藏菩薩這一類的，他們具有很強力的悲心。我們要了解菩薩跟悲心如何相處，怎麼做、怎麼發起，因為菩薩有大智慧、又有甚深的善根，所以他觀空不證空。《小般若經》卷七中又說：「若菩薩生如是心：『我不應捨一切衆生，應當度之，即入空三昧解脫門、無相、無作三昧解脫門。』是時菩薩不中道證實際。何以故？是菩薩為方便所護故……菩薩如是念一切衆生，是以心及方便力故，觀深法相，若空若無相、無作、無起，無生無所有。」

菩薩不捨一切眾生，要度眾生。所以說是「大悲心及方便力，入空三昧解脫門」。在《小品般若經》裏面把三昧跟解脫合在一起，叫三昧解脫門。有空三昧解脫門、無相三昧解脫門、無作三昧解脫門。

「不證實際不失念，能斷眾生有所得。」用大悲心及方便力證入空三昧解脫門，現在不證入涅槃實際，也不失大悲心念。佛陀一個很重要的威力是不失念，我們常常失念，失掉念頭了，念頭跑掉了，佛陀是不會的，他不證實際，又不會失念頭。大菩薩也是念念相續在大悲菩提裏面，如此他能夠斷除眾生有所得的心。

「無上正等正覺心，無相三昧解脫門，能斷眾生行我相，慈悲喜捨不失心。」用這無上正等正覺的心，阿耨多羅三藐三菩提心來入無相三昧解脫門，能夠斷除一切眾生有行、有造作、有我的相。這時，由於安住在慈悲喜捨之心裏面，不失這些心。

「顛倒妄想苦造作，眾生輪廻極可憫，能入無願三昧門，無住不證解脫中。」顛倒妄想，苦苦去造作一切眾相，所以眾生輪廻極為可憫，我們要用這樣的悲心入無願三昧門，永遠住於無住法，卻不證入解脫之中。在《小品般若經》中說：「菩薩行般若波羅蜜，應如是思惟，諸法實相而不取證。」又，如前面已提：「若菩薩生如是心，我不應捨一切眾生，應當度之，即入空三昧解脫門、無相、無作三昧解脫門。」菩薩要生大悲心，要不捨一切眾生，要救度他們。用這樣的心，來住空、無相、無作，所謂空三昧解脫門，無相、無作三昧解脫門。「菩薩先應作是念，眾生長夜著眾生相，著有所得，」所有的眾生在生死長夜當中，執著眾生的相，著有所得。「著我欲有所得，乃至著我得阿耨多羅三藐三菩提」，菩薩為了要斷除這些見解，而為我們說法。如果能這樣，即入空三昧解脫門。

「是菩薩以是心及先方便力故，不中道證實際，亦不失慈悲喜捨三昧。」一個菩薩因為慈悲心及方便力的原因，他不住在中道實際裏面，也就是不證入涅槃，但是也不失去慈悲喜捨這四無量心的三昧。為什麼呢？「是菩薩成就方便力故，倍復增長善法，諸根通利，亦得增益菩薩諸力諸覺。」因為菩薩能成就方便力，這方便力能夠在出入，能夠加倍增長善法，使一切諸根能夠通利，也能夠增加菩薩的各種力量、各種覺悟，所以說是菩薩諸力諸覺。

再來，無相三昧解脫門也是如此。眾生長夜住在我相當中，要斷這些相來住入無相三昧解脫門，無作解脫門也是如此。用《小品般若經》的意旨化為偈頌，其意為：我們有大悲心及方便力，入空三昧解脫門，不證實際不失念，能斷眾生有所得，無上菩提正等正覺的心。在無相三昧解脫門，要斷除眾生有我行、我之相，於慈悲喜捨當中亦不失心。另外，顛倒妄想等等造作，造成眾生輪迴可憫，所以我們要入無願三昧解脫門，在無住不證解脫中，就能斷除一切虛幻顛倒的夢想，安住在菩提當中，而無退轉，隨時憶念一切眾生，隨時具大悲心，而深觀法相不可得，如此即是具足方便力。

「現空無相無所作，無願無起無所有，無生無滅法爾相，入空不證空三昧。入無相無願無作，無起無生無所有，不證一切不涅槃，大悲菩提三三昧。」現前是空，所以無相亦無所作，心中是無願、無起也無所有，所以因此證得無生無滅法爾的妙相。我們證入空中，住於空中，但是卻不證得空三昧。我們入於無相無願門及無作門當中，也就是無起無生無所有，而且不證一切，也不涅槃，這是大悲菩提的三三昧。

《摩訶止觀》卷七裏面所說的空、無相、無作、無願，和前面有一些不同的看法，大家可以參考。「若三藏以苦下空無我，是空門，滅下四行，是無相門，集道下八行，苦下兩行，是無作門。」這樣的如幻三昧是從藏、通、別、圓的通教立場來講，若通教名苦集皆如幻化，即空門，了悟苦集如幻就是空三昧。「若未入空，情想戲論，計有空相，知空無空相，名無相門。」如果沒有證入空，我們情想戲論紛雜，自然就有空相的妄立，但是如果是證入空三昧，那麼空就沒有空相，這就叫做無相門。「空相雖空，猶計觀智，既無能所，誰作空觀，是名無作門。」空相已經空了，但是我們還有觀智在。但是如果沒有能所，怎麼還有觀智來作空觀呢？這樣子就是無作門。「既無作者，誰起願求？」這就叫無願門。它把無作、無願分開來了。

另外，智者大師再以菩薩別教的立場來講三昧：「從假入空，證真諦，名空三昧。」從假眾相裏面證入空境，是空三昧。「二乘但證此空，猶有空相。」二乘證得這個空，但是還有空相。「菩薩知空非空，出假化物，無復空相，是名無相三昧」。菩薩知道空而不執空相，出此假相，化導一切眾生，不再局限於空相，就叫無相三昧。「進修中道，無中邊相，亦不求中邊，名無作三昧。」修學中道，了知沒有中邊之相，也不求中邊之相，叫無作三昧。這是用從假入空觀，依空出假觀，還有中道第一義觀，來講空、無相、無作三昧。

「復次，別約出假意者，分別無量藥病，悉是假名，假名無實，無實故空，是名空門」。由空出假之意是：我們分別這世間有無量的藥，還有無量的病，但是這些都是假名。假名根本沒有實性，所以是無實，無實所以是空，這叫做空門。「空尚無空相，況有假相呢？」這是無相門。「空、假、無相，亦不願求，知病識藥，故名無願。」空是假名、無相，我們也不生起願求之心，於是了解病，也了解藥，這叫無願，智者大師用這三者來講三解脫門。

第六章・法界三昧禪觀

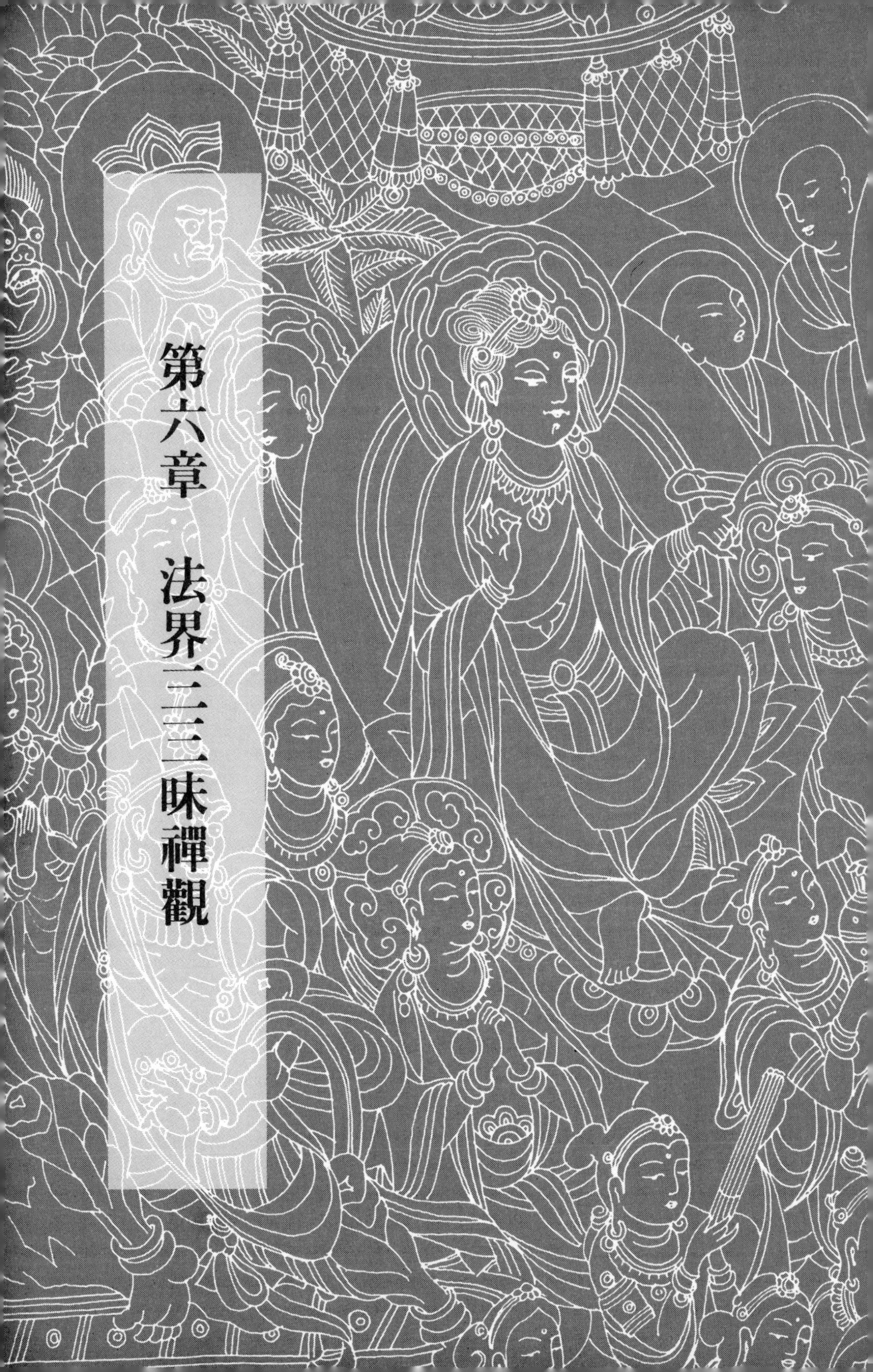

第六章　法界三三昧禪觀

體性法界不思議，廣大圓滿三三昧，盡觀法界眾緣起，無我無人無壽者，
亦無作者無受者，現前大空解脫門，畢竟解脫不可得，自性寂滅無法相。
無相解脫現在前，遠離分別法界體，無有願求自解脫，大悲為首化眾生。
無願解脫門現前，無緣大力妙用增，十空三昧門為首，百千三昧悉現前，
乃至無量三昧海，體性三昧自法身，十無相門為上首，百千三昧自現前，
無量廣大三昧海，法界三昧海印定，十無願門為先導，百千三昧現在前。
無量三昧大海示，首楞嚴定法界身，順佛菩提大智海，方便智慧恆相應。
究竟菩提恆不捨，無始無終金剛定。

接著講法界三三昧，我們再回頭看看整個的修持次第。

首先我們從三昧解脫的義理來說明，再來解釋名詞，並了知與三法印的因緣

。修持的次第從心體、外境上來觀察，又與十六行觀配合，來觀察三三昧，再了解三三昧一如。為了破除三三昧的執著，而講三重等持觀。執著破除之後，有了從空出生如幻三昧的基礎，所以進入菩薩的如幻三三昧行。在菩薩三昧行裏面，所謂真正圓具根本的菩薩行必須有大悲心，所以我們生起所謂的大悲三三昧。從大悲三三昧裏面，是用大悲之心，來生起大悲三三昧，現在要從整個法界，不只是我們的心而已，是從整個法界來生起三昧，這是我們要講的法界三三昧的要旨。

「體性法界不思議，廣大圓滿三三昧，盡觀法界眾緣起，無我無人無壽者，亦無作者無受者，現前大空解脫門，畢竟解脫不可得，自性寂滅無法相，無相解脫現在前，遠離分別法界體，無有願求自解脫，大悲為首化眾生，無願解脫門現前，無緣大力妙用增。」我們現在從體性法界來觀察。體性法界不可思議，要修廣大圓滿的三三昧，修習悲心、智慧圓滿的三三昧，要從體性法界中來觀察法界的一切緣起。怎麼觀呢？這裏要用到的就是前面如幻三昧的觀十八空，還有大悲三昧，具足這兩個力量才有辦法來觀一切眾相在剎那間現起。我們要如何觀？要以無心來觀。如果我們有心去看它的話，心就會執著於相，所以永遠看不到實相，無心海印才能夠現觀。沒有十八空就沒有法界無盡的緣起，因為十八空破除我們心裏面所有的障礙，所有的障礙、煩惱破除之後，這法界無盡的緣起才能夠如實現起。

「無我無人無壽者」，沒有「我」，是指沒有一個我主體的生命因緣，沒有「人」是指沒有相對性眾生的因緣，以及人法的集起。沒有「壽者」是指沒有生命壽命相續的因緣。所以無我法、無人法、無壽者法、無眾生法，這是《金剛經》裏面講的。我法是我的存有；無人法是沒有這人類的法，無眾生法是沒有這眾生相，即眾生也是虛妄。無壽者法，是沒有時間上能夠相續存有的。除此之外，也無作者，亦無受者，一切都是現空，所以才說是「現前大空解脫門」。現前大空這解脫也是畢竟解脫，畢竟解脫不可得，連解脫都不可得，所以這時候自性寂滅，自性寂滅就沒有這個法相了，所有法相都消失了，所以是無相解脫現在前。

這裏面所思惟的，好像跟前面一樣，但是最主要的是「體性法界不思議，廣大圓滿三三昧，盡觀法界眾緣起」，這是一個主要基礎，所以才叫做法界三三昧。很多的東西看起來都是一樣的，但是大家要有敏銳的觀察，以我手上的這個香爐而言，如果它是畢卡索做的，可能價值連城；另外一個香爐如果是一般人倣畢卡索所做的，即使做得很像，可是價格一定差很多。或是說，一個是用陶土做的，一個用黃金做的，外形一模一樣，但價值一定不一樣。所以看起來，這裏和前面講的似乎是一樣，但是裏面體性卻不一樣。

遠離一切分別的法界體，還回到法界體上，沒有任何願求，就自然解脫，以大悲為上首來化導一切眾生，這時候無願解脫門就現前了，就能無緣大力妙用增長。

這些偈頌之意涵是來自《華嚴經》中十地品的第六地，《華嚴經》卷三十七中言：「佛子！菩薩摩訶薩如是十種逆順觀諸緣起，所謂有支相續故，一心所攝故，自業差別故，不相捨離故，三道不斷故，觀過去現在未來故，三苦聚集故，因緣生滅故，生滅繫縛故，無所有盡觀故。」菩薩要用十種逆順來觀察一切緣起，觀察緣起的方便。「佛子！菩薩摩訶薩以如是十種相觀諸緣起，知無我無人無壽命，自性空，無作者、無受者，即得空解脫門現在前。」這就是前面講的「盡觀法界眾緣起，無我無人無壽者，亦無作者無受者，現前大空解脫門」。「觀諸有支皆自性滅，畢竟解脫，無有少法相生，即時得無相解脫門現在前。」觀有支都是自性滅，畢竟解脫，沒有任何少許的法相生起，這是無相解脫門。「如是入空、無相已，無有願求，唯除大悲為首教化眾生，即時得無願解脫門現在前。」這就是我們偈頌中的：「畢竟解脫不可得，自性寂滅無法相，無相解脫現在前，遠離分別法界體，無有願求自解脫，大悲為首化眾生，無願解脫門現前，無緣大力妙用增」，這是三三昧解脫門。

經文中說：「佛子！菩薩如是觀察有為多諸過患，無有自性，不生不滅，而恆起大悲不捨眾生，即得般若波羅蜜現前，名無障礙智光明。」我們在修行的時候觀察一切都是沒有自性、不生不滅、恆起大悲，不捨眾生，菩薩六地就是在這樣修學，而可以成就無礙智慧光明。

接下來再看偈頌：

「十空三昧門為首，百千三昧悉現前，乃至無量三昧海，體性三昧自法身。」菩薩住在這六地的現前地，得入空三昧、自性空三昧、第一義空三昧、第一空三昧、大空三昧、合空三昧、起空三昧、如實不分別空三昧、不捨離空三昧、離不離空三昧等十種空三昧。我們了解這十種空也等於了解十八空。經文又說：「此菩薩得如是空三昧門為首，百千空三昧皆悉在前。」以這十種空三昧為前導，能使百千空三昧全部現前證入，這就是「十空三昧門為首，百千三昧悉現前。」如是，無相、無願也一樣，十無相三昧門、十無願三昧門為首，百千無相、無願三昧門皆悉在前。

「佛子！菩薩住此現前地，復更修習滿足不可壞心、決定心、純善心、甚深心、不退轉心、不休息心、廣大心、無邊心、求智心，方便慧相應心，皆悉圓滿。佛子！菩薩以此心順佛菩提，不懼異論，入諸智地，離二乘道，趣於佛智。諸煩惱魔無能沮壞，住於菩薩智慧光明，於空、無相、無願法中皆善修習，方便智慧恆共相應，菩提分法常行不捨。

菩薩住在這個現前六地，要滿足十種心，即不可壞的心、決定的心、純然善心、甚深的心、不退轉的心、不休息的心、廣大的心、無邊的心、求智慧的心，方便智慧相應的心等，這十心都圓滿。用這些心來隨順佛的菩提，這時永遠不懼怕任何異論，不害怕其他教派各種不同的批評論戰，入於一切的智慧地，遠離二乘道，趣入佛智。所有的煩惱魔障都不能沮壞於你。住於菩薩智慧的光明當中，對於空、無相、無願法門，能夠善巧修習，方便智慧能夠相應，菩提分法能夠常行而不捨，這是以下要說的基礎。

以華嚴十空三昧做為上首，百千三昧都現前。但是這樣夠不夠呢？還是不夠，要無量三昧海現起。無量三昧海現起之後，還有一個重點所在──「體性三昧」，以空三昧證得體性三昧。體性三昧是什麼？是自法身，是證得法身三昧。所以這是金剛三昧，「體性三昧自法身」，就是金剛三昧。

「十無相門為上首，百千三昧自現前，無量廣大三昧海，法界三昧海印定。」現在再來用十無相門做為上首，結果百千（即十萬）三昧也在面前現起，這時還是要具足無量廣大的三昧海。法界三昧的整個海印三昧都現前了，因為是無相，無相具足一切眾相，眾相圓滿現前，所以這是法界三昧海印定，是報身如來，整個法界宛如蓮花藏世界海無相門現起。

「十無願門為先導，百千三昧現在前，無量三昧大海示，首楞嚴定法界身。

」同樣的以十種無願門為先導，百千三昧就現在前了。無盡三昧宛如大海般的廣大示現出來，這時，堅固不壞的首楞嚴三昧定，在法界裏面現起一切妙身、大悲作用救度一切眾生，無有休息，這是大悲的幻化身。首楞嚴定、海印三昧、金剛三昧，這些都是佛的三昧，也各代表佛的法、報、化三身，這三身其實是依作用的不同而產生的，並非有高下之分。

「順佛菩提大智海，方便智慧恆相應，究竟菩提恆不捨，無始無終金剛定。」我們現在隨順著佛的菩提，方便智慧這兩者恆常相應，所以叫做「方便立具」，具足廣大方便妙方，來救度眾生。而且於究竟菩提—一個諸佛圓滿成就的菩提，恆不捨棄。「恆不捨」是永遠相應不二。一切眾生永入於金剛大定當中，所以說體性不離本初，一切現前證，從始以來即是成佛意，即是無始無終金剛定。

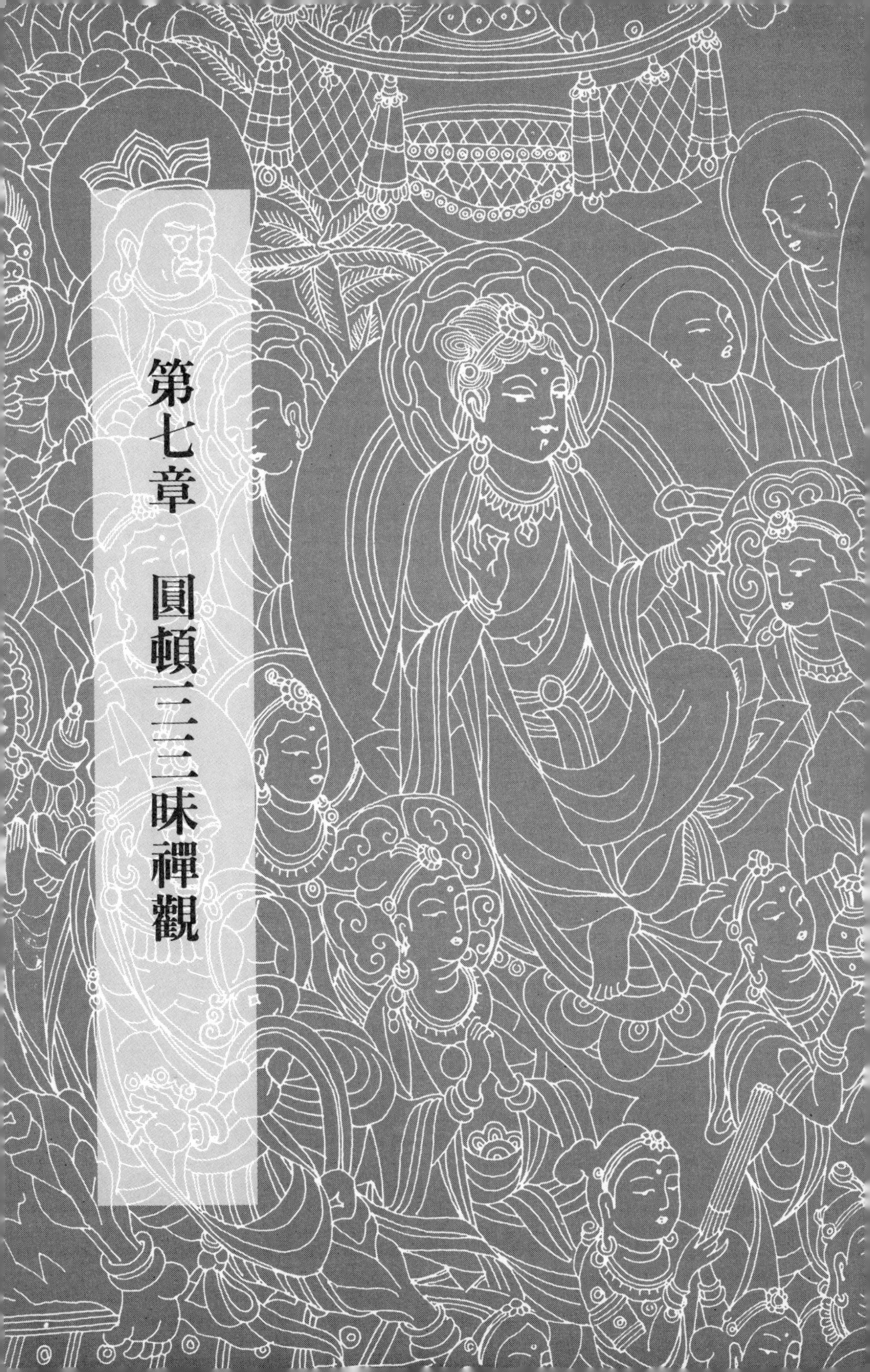

第七章　圓頓三昧禪觀

第七章　圓頓三三昧禪觀

法界現空不可得，究竟無相無可見，法爾無願自圓滿，圓頓體中說實相。
三解脫門自解脫，無修無證自解脫，本解脫故自解脫，平等解脫自解脫，
周遍解脫自解脫，全體解脫無造作，現空解脫體寂滅，無相解脫相圓滿。
無願解脫用圓頓，圓頓現成三三昧，法爾空寂本來佛，廣大圓滿涅槃佛，
遍照光明法住佛，圓頓全佛平等佛，皈命常住十方佛，全佛同住常寂光。

「法界現空不可得」，這跟法界三三昧有什麼差別？其實於究竟義來講都是一樣，但是就作用力次第義來講，法界三三昧是依法界的觀察，全體生起的時候，發覺原來一切眾生是佛。圓頓三三昧裏面，你要廣大觀察法界，或不要觀察法界都一樣，不需要從法界體性不思議來體悟，或是從廣大圓滿三三昧，來盡觀法界眾緣起，這不需要，而是從現前體性裏面，一思一念一境，就像我常講的：輕

括法界，法界全體現前，一思一念一聞一見，就是全體現前。現在我們用方便來說：「法界現空不可得，究竟無相無可見，法爾無願自圓滿」。你們不要問法界有多大，因為根本就沒有這個問題，已經全部都除掉了，因為你心裏面所有障礙都除掉了。之前整個法界全部盡觀，觀得廣大無邊，無量無邊，這些你都觀過了，那麼現在呢？問你法界多大？就這麼大，所以「法界觀空不可得」。

很多人說：「我要觀察好大好大的法界。」其實，你觀察法界大還是小，跟法界有什麼關係？法界不會因為你觀的大而大，也不會因為你觀的小而小。你會因為觀察法界大，就不涉入法界嗎？你會因為觀察的法界很小，就不攝入全體法界嗎？我想不是的。所以禪師會說：「我這枝筆裏面具足十方三世諸佛、十方法界。」就是這個意思，這裏面就是法界現空，法界現空本然不可得，這是沒有條件的，所以是究竟無相，就是這樣子，其實也不需要什麼法界現空，不需要的，就是這樣，現前就是如實了。只要「法界現空不可得」這句話就夠了，如果你還像前面那樣，我空、法空、十八空那樣修的話，就還在次第裏面。我們前面有這樣修習之後，如幻也現觀了，十八空也觀了，大悲心也起來了，法界三昧也起來了，前面次第修持的三三昧、三重等持三三昧，都有了。

前面都具備之後，各位，現在就是這樣子，前面我們都已經修法觀過了，現在再跟你說是「法界現空不可得」，就是這樣，你要得亦不可得。所以你們應該把這句「法界現空不可得」劃掉，「究竟無相無可見」也劃掉，「法爾無願自圓滿」也劃掉，所以全部把它劃掉，把圓頓三三昧也劃掉，那麼就可以了。這樣你們知道什麼叫「法界現空不可得」了吧！同樣一句話，不同時候講，不同因緣講，恐怕意思會不大一樣。如果沒有經過前面這樣篩檢，一再地觀空的話，也不知道現在這句話就是現前廣大圓滿，這「不可得」就是禪的心要啊！

所以說，法界現空不可得，究竟無相無可見，法爾無願自圓滿。空、無相、無願這三者都圓滿了，不是初中後分別所說，而是圓頓體中說實相。你說空或不空的都是在圓頓體性、法界體性當中；你前說、中說、後說，南說、北說、時間說，任何說都是在圓頓體中說實相。你說不實相也是實相，說實相也是實相，所以你說實相跟不實相有什麼關係呢？這句話就是圓頓三昧的心要。法界現空不可得，究竟無相無可見，法爾無願自圓滿，圓頓體中說實相，最後這一句「圓頓體中說實相」，就點出了圓頓三三昧。

圓頓三三昧已經講完了，那麼後面的偈頌是做什麼用的？那是為了補白。例如我畫一尊毘盧遮那佛像，旁邊空白太多了，所以畫些不是重點的，錦上添花的來補白，但是補白也不能畫得太差。談到毘盧遮那佛，就來說他的光明，毘盧遮那佛全體是光明身，他是透明無相身的現起，自身任何一個細胞拿起來都是毘盧遮那佛，一樣廣大，一樣的光明。而每一個地方都是無量毘盧遮那佛所現起，這叫金剛鍊光。那麼整個法界是不是都是毘盧遮那佛？也是，所以說環環相扣，這才叫遍照光明。

光明有三種境界，第一種是發光，能發光能出應。第二是要透，通體通透。第三個要遍，遍滿法界。所以你如果說：「我看到毘盧遮那佛在哪裏！」我會說你有邪見！為什麼？他既是遍法界，你怎麼會看到一個是他的？哪一個不是他？不過你有邪見，還是佛，我沒有邪見，也是佛。這樣你們應該能體會金剛鍊光、遍照光明了吧！用鍊來比喻也是一種方便而已。鍊是由大圓圈、小圓圈、中圓圈、不大不小的圓圈，各式各樣的圓圈組成的。為什麼叫圓圈？因為它如果是廣大無邊，還是沒有方位，所以只是方便說，前面四句話是講了圓頓三昧的根本，後面是講它的作用。三解脫門自解脫：空、無相、無願三個解脫門是自行解脫的，不用作用自行解脫。所以你們修了半天，修得三解脫門、修得圓頓三昧，最後修得圓頓三解脫門所得的成就是什麼呢？是發覺自己原來不用修，就是這樣子，但是其他還沒有修的人都不肯相信。

「無修無證自解脫，本解脫故自解脫，平等解脫自解脫，周遍解脫自解脫，全體解脫無造作。」空、無相、無願這三解脫門自行解脫，無需有修不必有證自解脫，因為它本然法爾解脫的緣故，所以它自解脫，是周遍平等。平等是遍義。平等解脫所以自解脫。周遍法界一切解脫，就是自解脫。到這裏，就很舒服了！大舒一口氣：全體解脫無造作，不用任何造作，就全體解脫了。

現空解脫，體是寂滅的，無相解脫，這相就圓滿了。《金剛經》說：「若以色見我，以聲音求我，是人行邪道，不能見如來」，如是見一切諸相非相，才是真正見佛。「無相解脫相圓滿」這怎麼說呢？若不以三十二相八十種好來見佛，是人入於斷滅。所以，無相不是有一個無相，而是法爾無相。無相者，無無相也，所以說「無相解脫相圓滿」，是所有的纏縛去除了，而現起真正圓滿的相。現空解脫，體是寂滅的，無相解脫是相圓滿，而無願解脫則是大願作用圓頓。圓是圓滿，頓是剎那之間就圓具了。所以圓頓現成三三昧，這圓頓就是「現空解脫體寂滅，無相解脫相圓滿，無願解脫用圓頓」，所以就能圓頓現成三三昧，三種三昧圓頓現前。

前面「法界現空不可得，究竟無相無可見，法爾無願自圓滿，圓頓體中證實相」，這是整個三三昧在圓頓體中修證成就，我們先把它如何建立基礎講清楚。

解脫門為什麼自解脫？「三解脫門自解脫，無修無證自解脫，本解脫故自解脫，平等解脫自解脫，周遍解脫自解脫，全體解脫無造作」，一切解脫是現前無造作。

再來講這三三昧在圓頓體裏面體相用的作用：現空解脫體寂滅，這是體，無相解脫相圓滿，這是相，無願解脫用圓頓，是用，所以說圓頓現成三三昧。

接下來是講佛境：法爾空寂本來佛，廣大圓滿涅槃佛，遍照光明法住佛，這是三身佛。法爾空寂本來佛是空解脫門所現起的佛，是空佛。廣大圓滿涅槃佛是無相佛，無相遠離涅槃，涅槃遠離實相。遍照光明法住佛是周遍、廣大、大悲，光明遍照一切，是法住佛，是無願佛，也是叫無作佛。也可以對應為法、報、化三身。這是空、無相、無願佛或空、無相、無作佛。如果還要依空、無相、無作、無願、無起，也可以講五佛。所以法、報、化三身都有了，空、無相、無願都有了，接下來是圓頓全佛平等佛，一切眾生都是平等平等之佛，而且是圓頓全佛。這時我們就合掌皈命常住的十方佛，這一切眾生都是圓滿佛，同住常寂光。

我造這個論所用的筆名是「全佛行者」，這是深有體會的，以一切眾生都是佛，所以叫做全佛。我們這樣體會的時候，皈命常住十方佛，全佛同住常寂光，皈命自性法身佛，乃至法界一切眾佛。這是圓頓三三昧的成就。

現在來講解迴向的部分。

三三昧定解脫門，全佛總持住平等，諸佛心子善修持，迴向法界眾成佛，
如佛智慧大悲力，究竟菩提如來地，一切眾生皆吉祥，國土平安願成滿，
法脈光明無盡燈，圓頓行人不退轉。

三三昧這個禪定解脫門，希望一切全眾生佛，能夠全佛平等總持，一切大眾圓滿成佛，所以是全佛。現在一切諸佛的如心之子，也就是大家了，修這個法而迴向法界眾成佛。希望如同佛陀的智慧，如同佛陀大悲的威力，能夠成就究竟菩提、如來的果地。一切眾生都能夠圓滿吉祥，而國土能夠平安，大家一切願望都能夠圓滿，我們的法脈光明，就像無盡燈一樣，燈燈相續。所以，大家要把這個法燈傳出去，要檢驗一下自己有沒有悲心，把這法脈無盡燈的光明，傳承下去，希望我們這些圓頓行人，永不退轉。

三三昧是我們五年高階禪觀中第一年基要三昧的最後一個主題，也是建立明年修持菩薩三昧的根本。

三三昧是行住坐臥都可以修的，希望你們能善巧修習，不要退轉。

恭喜大家。

三三昧定解脱門　全佛總持住平等
諸佛心子做修持　迴向法界眾成佛
如佛智慧大悲力　究竟菩提如來地
一切眾生皆吉祥　國土平安願成滿
法脈光明無盡燈　圓頓行人不退轉

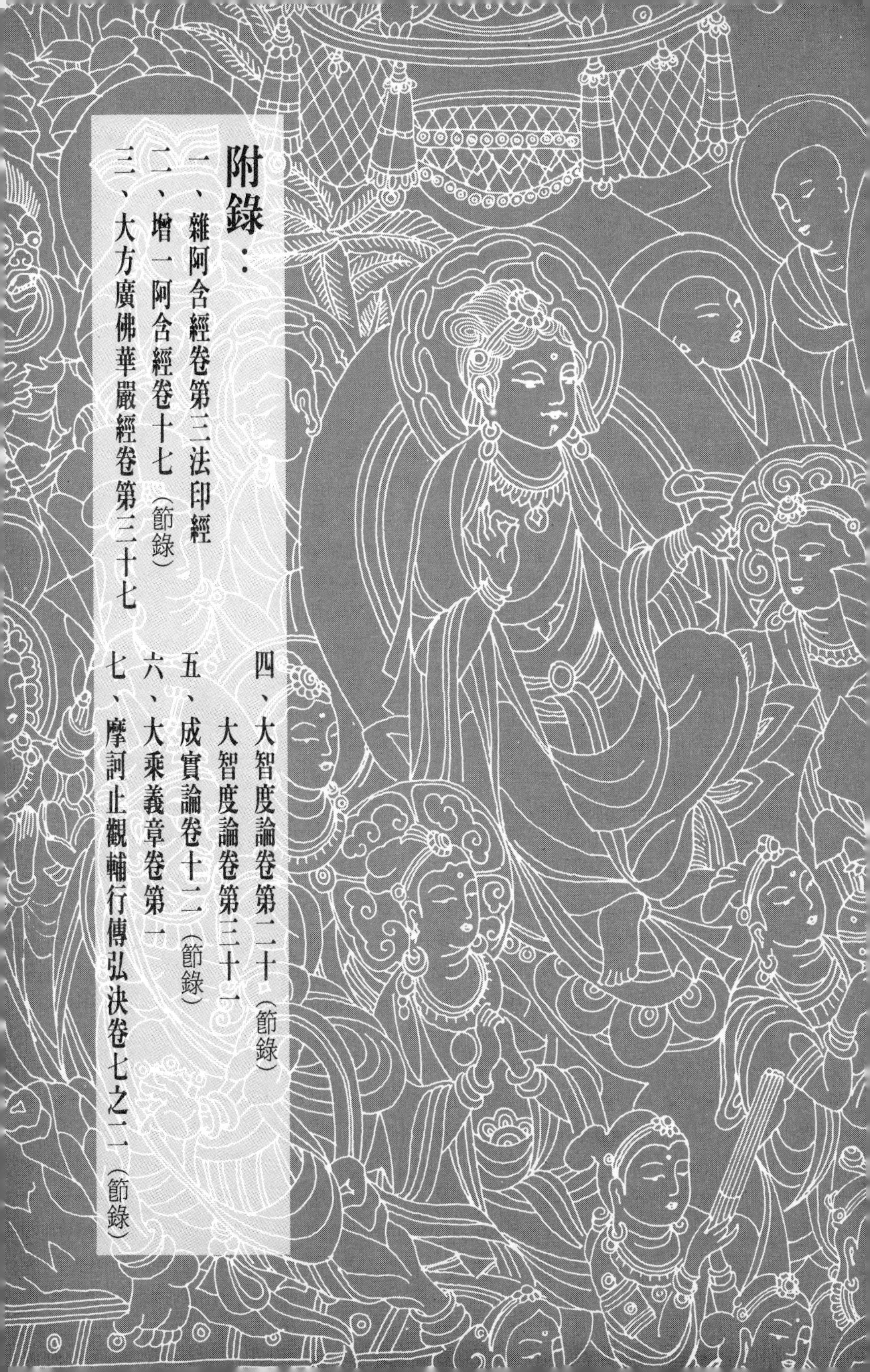

附錄：

一、雜阿含經卷第三法印經

二、增一阿含經卷十七（節錄）

三、大方廣佛華嚴經卷第三十七

四、大智度論卷第二十（節錄）

　　大智度論卷第三十一

五、成實論卷十二（節錄）

六、大乘義章卷第一

七、摩訶止觀輔行傳弘決卷七之二（節錄）

【附錄一】

雜阿含經卷第三法印經

如是我聞：一時，佛住舍衛國祇樹給孤獨園。

爾時，世尊告諸比丘：「當說聖法印及見清淨。諦聽！善思！若有比丘作是說：我於空三昧未有所得，而起無相、無所有，離慢知見者，莫作是說。所以者何？若於空未得者，而言：我得無相、無所有，離慢知見者，無有是處。若有比丘作是說：我得空，能起無相、無所有，離慢知見者，此則善說。所以者何？若得空已，能起無相、無所有，離慢知見者，斯有是處。云何為聖弟子及見清淨？」

比丘白佛：「佛為法根、法眼、法依，唯願為說，諸比丘聞說法已，如說奉行。」

佛告比丘：「若比丘於閑處樹下坐，善觀色無常、磨滅、離欲之法；如是，觀察受、想、行、識，無常、磨滅、離欲之法。觀察彼陰無常、磨滅、不堅固、變易法，心樂清淨解脫，是名為空；如是觀者，亦不能離慢知見清淨。復有正思惟三昧，觀色相斷，聲、香、味、觸法相斷，是名無相；如是觀者，猶未離慢知見清淨。復有正思惟三昧，觀察貪相斷，瞋恚、癡相斷，是名無所有；如是觀者，猶未離慢知見清淨。復有正思惟三昧，觀察我所從何而生？復有正思惟三昧，觀察我、我所，從若見、若聞、若嗅、若嘗、若觸、若識而生。復作是觀察：若因若緣而生識者，彼識因緣為常、為無常？復作是思惟：若因若緣而生識者，彼因彼緣皆悉無常。復次，彼因彼緣皆悉無常，彼所生識云何有常？無常者，是有為行，從緣起，是患法、滅法、離欲法、斷知法，是名聖法印、知見清淨，是名比丘當說聖法印、知見清淨，如是廣說。」

佛說此經已，諸比丘聞佛所說，歡喜奉行。

【附錄二】

增一阿含經卷十七（節錄）

二一四（二〇）

聞如是：一時，佛在舍衛國祇樹給孤獨園。

爾時世尊告諸比丘：「有此三三昧，云何為三？空三昧、無願三昧、無想三昧。

「彼云何名為空三昧？所謂空者，觀一切諸法皆悉空虛，是謂名為空三昧。

「彼云何名為無想三昧？所謂無想者，於一切諸法都無想念，亦不可見，是謂名為無想三昧。

云何名為無願三昧？所謂無願者，於一切諸法亦不願求，是謂名為無願三昧。

「如是，比丘！有不得此三三昧，久在生死，不能自覺寤。如是，諸比丘！

當求方便得此三三昧。如是，諸比丘！當作是學。」

爾時諸比丘聞佛所說，歡喜奉行。

幢、毗沙、法王，瞿默、神足化，

齋戒、現在前、長壽、結、三昧。

【附錄三】

大方廣佛華嚴經卷第三十七

于闐國三藏實叉難陀奉　制譯

十地品第二十六之四

菩薩既聞諸勝行，其心歡喜雨妙華，
放淨光明散寶珠，供養如來稱善說。
百千天衆皆欣慶，共在空中散衆寶，
華鬘瓔珞及幢幡，寶蓋塗香咸供佛。
自在天王并眷屬，心生歡喜住空中，
散寶成雲持供養，讚言佛子快宣說。
無量天女空中住，共以樂音歌讚佛，

音中悉作如是言：　佛語能除煩惱病。
法性本寂無諸相，　猶如虛空不分別，
超諸取著絕言道，　真實平等常清淨。
若能通達諸法性，　於有於無心不動，
為欲救世勤修行，　此佛口生真佛子。
不取眾相而行施，　本絕諸惡堅持戒，
解法無害常堪忍，　知法性離具精進。
已盡煩惱入諸禪，　善達性空分別法，
具足智力能博濟，　滅除眾惡稱大士。
如是妙音千萬種，　讚已默然瞻仰佛。
解脫月語金剛藏：　以何行相入後地？

爾時金剛藏菩薩告解脫月菩薩言：「佛子！菩薩摩訶薩已具足第五地，欲入第六現前地，當觀察十平等法。何等為十？所謂一切法無相故平等，無體故平等，無生故平等，無*滅故平等，本來清淨故平等，無戲論故平等，無取捨故平等，寂靜故平等，如幻、如夢、如影、如響、如水中月、如鏡中像、如焰、如化故平等，有、無不二故平等。菩薩如是觀一切法自性清淨，隨順無違，得入第六現前地，得明利隨順忍，未得無生法忍。

「佛子！此菩薩摩訶薩如是觀已，復以大悲為首，大悲增上，大悲滿足，觀世間生滅，作是念：『世間受生皆由著我，若離此著則無生處。』復作是念：『凡夫無智執著於我，常求有、無，不正思惟，起於妄行，行於邪道，罪行、福行、不動行積集增長，於諸行中植心種子，有漏有取，復起後有生及老死。所謂業為田，識為種，無明闇覆，愛水為潤，我慢溉灌，見網增長，生名色芽，名色增長生五根，諸根相對生觸，觸對生受，受後希求生愛，愛增長生取，取增長生有，有生已於諸趣中起五蘊身名生，生已衰變為老，終歿為死。於老死時生諸熱惱，因熱惱故憂愁悲歎，眾苦皆集。此因緣故，集無有集者，任運而滅亦無滅者。』菩薩如是隨順觀察緣起之相。佛子！此菩薩摩訶薩復作是念：『於第一義諦不了故名無明，所作業果是行，行依止初心是識，與識共生四取蘊為名色，名色增長為六處，根、境、識三事和合是觸，觸共生有受，於受染著是愛，愛增長是取，取所起有漏業為有，從業起蘊為生，蘊熟為老，蘊壞為死。死時離別，愚迷貪戀，心胸煩悶為愁，涕泗諮嗟為歎，在五根為苦，在意地為憂，憂苦轉多為惱。如是但有苦樹增長，無我、無我所，無作、無受者。』復作是念：『若有作者則有作事，若無作者亦無作事，第一義中俱不可得。』佛子！此菩薩摩訶薩復作是念：『三界所有，唯是一心。如來於此分別演說十二有支，皆依一心如是而立。何以故？隨事貪欲與心共生，心是識，事是行，於行迷惑是無明，與無明及心共生是名色，名色增長是六處，六處三分合為觸，觸共生是受，受無厭足是愛，愛攝不捨是取，彼諸有支生是有，有所起名生，生熟為老，老壞為死。』

「佛子！此中無明有二種業，一、令眾生迷於所緣，二、與行作生起因。行亦有二種業，一、能生未來報，二、與識作生起因。識亦有二種業，一、令諸有相續，二、與名色作生起因。名色亦有二種業，一、互相助成，二、與六處作生起因。六處亦有二種業，一、各取自境界，二、與觸作生起因。觸亦有二種業，一、能觸所緣，二、與受作生起因。受亦有二種業，一、能領受愛憎等事，二、與愛作生起因。愛亦有二種業，一、染著可愛事，二、與取作生起因。取亦有二種業，一、令諸煩惱相續，二、與有作生起因。有亦有二種業，一、能令於餘趣中生，二、與生作生起因。生亦有二種業，一、能起諸蘊，二、與老作生起因。老亦有二種業，一、令諸根變異，二、與死作生起因。死亦有二種業，一、能壞諸行，二、不覺知故相續不絕。

「佛子！此中無明緣行，乃至生緣老死者，由無明乃至生為緣，令行乃至老死不斷，助成故。無明滅則行滅，乃至生滅則老死滅者，由無明乃至生不為緣，令諸行乃至老死斷滅，不助成故。佛子！此中無明、愛、取不斷是煩惱道，行、有不斷是業道，餘分不斷是苦道。前後際分別滅三道斷，如是三道離我、我所，但有生滅，猶如束蘆。復次，無明緣行者，是觀過去；識乃至受，是觀現在；愛乃至有，是觀未來。於是以後，展轉相續。無明滅行滅者，是觀待斷。復次，十二有支名為三苦，此中無明、行乃至六處是行苦，觸、受是苦苦，餘是壞苦。無明滅行滅者，是三苦斷。復次，無明緣行者，無明因緣能生諸行；無明滅行滅者，以無無明諸行亦無，餘亦如是。又無明緣行者，是生繫縛；無明滅行滅者，是滅繫縛。餘亦如是。又無明緣行者，是隨順無所有觀；無明滅行滅者，是隨順盡滅觀。餘亦如是。

「佛子！菩薩摩訶薩如是十種逆順觀諸緣起，所謂有支相續故，一心所攝故，自業差別故，不相捨離故，三道不斷故，觀過去、現在、未來故，三苦聚集故，因緣生滅故，生滅繫縛故，無所有盡觀故。佛子！菩薩摩訶薩以如是十種相觀諸緣起，知無我、無人、無壽命、自性空、無作者、無受者，即得空解脫門現在前。觀諸有支皆自性滅，畢竟解脫，無有少法相生，即時得無相解脫門現在前。如是入空、無相已，無有願求，唯除大悲為首教化眾生，即時得無願解脫門現在前。菩薩如是修三解脫門，離彼、我想，離作者、受者想，離有、無想。

「佛子！此菩薩摩訶薩大悲轉增，精勤修習，為未滿菩提分法令圓滿故，作是念：『一切有為，有和合則轉，無和合則不轉；緣集則轉，緣不集則不轉。我如是知有為法多諸過患，當斷此和合因緣。然為成就眾生故，亦不畢竟滅於諸行。』佛子！菩薩如是觀察有為多諸過患，無有自性不生不滅，而恒起大悲不捨眾生，即得般若波羅蜜現前，名無障礙智光明。成就如是智光明已，雖修習菩提分因緣而不住有為中，雖觀有為法自性寂滅亦不住寂滅中，以菩提分法未圓滿故。

「佛子！菩薩住此現前地，得入空三昧、自性空三昧、第一義空三昧、第一空三昧、大空三昧、合空三昧、起空三昧、如實不分別空三昧、不捨離空三昧、離不離空三昧。此菩薩得如是十空三昧門為首，百千空三昧皆悉現前。如是十無相、十無願三昧門為首，百千無相、無願三昧門皆悉現前。佛子！菩薩住此現前地，復更修習滿足不可壞心、決定心、純善心、甚深心、不退轉心、不休息心、廣大心、無邊心、求智心、方便慧相應心，皆悉圓滿。佛子！菩薩以此心順佛菩提，不懼異論入諸智地，離二乘道趣於佛智，諸煩惱魔無能沮壞，住於菩薩智慧光明，於空、無相、無願法中皆善修習，方便智慧恒共相應，菩提分法常行不捨。佛子！菩薩住此現前地中，得般若波羅蜜行增上，得第三明利順忍，以於諸法如實相隨順無違故。

「佛子！菩薩住此現前地已，以願力故，得見多佛，所謂見多百佛，乃至見多百千億那由他佛。悉以廣大心、深心，供養恭敬尊重讚歎，衣服、飲食、臥具、湯藥，一切資生悉以奉施，亦以供養一切眾僧，以此善根迴向阿耨多羅三藐三菩提。於諸佛所恭敬聽法，聞已受持，得如實三昧智慧光明，隨順修行憶持不捨。又得諸佛甚深法藏，經於百劫，經於千劫，乃至無量百千億那由他劫，所有善根轉更明淨。譬如真金，以毘瑠璃寶數數磨瑩，轉更明淨；此地菩薩所有善根亦復如是，以方便慧隨逐觀察，轉更明淨，轉復寂滅，無能映蔽。譬如月光，照眾生身令得清涼，四種風輪所不能壞；此地菩薩所有善根亦復如是，能滅無量百千億那由他眾生煩惱熾火，四種魔道所不能壞。此菩薩十波羅蜜中，般若波羅蜜偏多；餘非不修，但隨力隨分。

「佛子！是名略說菩薩摩訶薩第六現前地。菩薩住此地，多作善化天王，所作自在，一切聲聞所有問難無能退屈，能令眾生除滅我慢、深入緣起。布施、愛語、利行、同事，如是一切諸所作業，皆不離念佛，乃至不離念具足一切種、一切智智。復作是念：『我當於一切眾生中為首、為勝，乃至為一切智智依止者。』此菩薩若勤行精進，於一念頃，得百千億三昧，乃至示現百千億菩薩以為眷屬。若以願力自在示現，過於此數，乃至百千億那由他劫不能數知。」

爾時金剛藏菩薩欲重宣其義而說頌曰：

菩薩圓滿五地已，觀法無相亦無性，

無生無*滅本清淨，無有戲論無取捨，
體相寂滅如幻等，有無不二離分別，
隨順法性如是觀，此智得成入六地。
明利順忍智具足，觀察世間生滅相，
以癡闇力世間生，若滅癡闇世無有。
觀諸因緣實義空，不壞假名和合用，
無作無受無思念，諸行如雲遍興起。
不知真諦名無明，所作思業愚癡果，
識起共生是名色，如是乃至衆苦聚。
了達三界依心有，十二因緣亦復然，
生死皆由心所作，心若滅者生死盡。
無明所作有二種，緣中不了為行因，
如是乃至老終歿，從此苦生無有盡。
無明為緣不可斷，彼緣若盡悉皆滅，

愚癡愛取煩惱支，行有是業餘皆苦。

癡至六處是行苦，觸受增長是苦苦，

所餘有支是壞苦，若見無我三苦滅。

無明與行為過去，識至於受現在轉，

愛取有生未來苦，觀待若斷邊際盡。

無明為緣是生縛，於緣得離縛乃盡，

從因生果離則斷，觀察於此知性空。

隨順無明起諸有，若不隨順諸有斷，

此有彼有無亦然，十種思惟心離著。

有支相續一心攝，自業不離及三道，

三際三苦因緣生，繫縛起滅順無盡。

如是普觀緣起行，無作無受無真實，

如幻如夢如光影，亦如愚夫逐陽焰。

如是觀察入於空，知緣性離得無相，

了其虛妄無所願，　唯除慈愍為衆生。
大士修行解脫門，　轉益大悲求佛法，
知諸有為和合作，　志樂決定勤行道。
空三昧門具百千，　無相無願亦復然，
般若順忍皆增上，　解脫智慧得成滿。
復以深心多供佛，　於佛教中修習道，
得佛法藏增善根，　如金瑠璃所磨瑩。
如月清涼被衆物，　四風來觸無能壞；
此地菩薩超魔道，　亦息群生煩惱熱。
此地多作善化王，　化導衆生除我慢，
所作皆求一切智，　悉已超勝聲聞道。
此地菩薩勤精進，　獲諸三昧百千億，
亦見若干無量佛，　譬如盛夏空中日。
甚深微妙難見知，　聲聞獨覺無能了，

如是菩薩第六地，我為佛子已宣說。
是[3]時天衆心歡喜，散寶成雲在空住，
普發種種妙音聲，告於最勝清淨者：
了達勝義智自在，成就功德百千億，
人中蓮華無所著，為利群生演深行。
自在天王在空中，放大光明照佛身，
亦散最上妙香雲，普供除憂煩惱者。
爾時天衆皆歡喜，悉發美音同讚述：
我等聞斯地功德，則為已獲大善利。
天女是時心慶悅，競奏樂音千萬種，
悉以如來神力故，音中共作如是言：
威儀寂靜最無比，能調難調世應供，
已超一切諸世間，而行於世闡妙道。
雖現種種無量身，知身一一無所有，

巧以言辭說諸法，　不取文字音聲相。
往詣百千諸國土，　以諸上供供養佛，
智慧自在無所著，　不生於我佛國想。
雖勤教化諸衆生，　而無彼己一切心；
雖已修成廣大善，　而於善法不生著。
以見一切諸世間，　貪恚癡火常熾然，
於諸想念悉皆離，　發起大悲精進力。
一切諸天及天女，　種種供養稱讚已，
悉共同時默然住，　瞻仰人尊願聞法。
時解脫月復請言：　此諸大衆心清淨，
第七地中諸行相，　唯願佛子為宣說！

爾時金剛藏菩薩告解脫月菩薩言：「佛子！菩薩摩訶薩具足第六地行已，欲入第七遠行地，當修十種方便慧起殊勝道。何等為十？所謂雖善修空、無相、無願三昧，而慈悲不捨衆生。雖得諸佛平等法，而樂常供養佛。雖入觀空智門，而勤集福德。雖遠離三界，而莊嚴三界。雖畢竟寂滅諸煩惱焰，而能為一切眾生起滅貪、瞋、癡煩惱焰。雖知諸法如幻、如夢、如影、如響、如焰、如化、如水中月、如鏡中像，自性無二，而隨心作業無量差別。雖知一切國土猶如虛空，而能以清淨妙行莊嚴佛土。雖知諸佛法身本性無身，而以相好莊嚴其身。雖知諸佛音聲性空寂滅不可言說，而能隨一切眾生出種種差別清淨音聲。雖隨諸佛了知三世唯是一念，而隨眾生意解分別，以種種相、種種時、種種劫數而修諸行。菩薩以如是十種方便慧起殊勝行，從第六地入第七地。入已此行常現在前，名為住第七遠行地。

「佛子！菩薩摩訶薩住此第七地已，入無量眾生界，入無量諸佛教化眾生業，入無量世界網，入無量諸佛清淨國土，入無量種種差別法，入無量諸佛現覺智，入無量劫數，入無量諸佛覺了三世智，入無量眾生差別信解，入無量諸佛示現種種名色身，入無量眾生欲樂諸根差別，入無量諸佛語言音聲令眾生歡喜，入無量眾生種種心行，入無量諸佛了知廣大智，入無量聲聞乘信解，入無量諸佛說智道令信解，入無量辟支佛所成就，入無量諸佛說甚深智慧門令趣入，入無量諸菩薩方便行，入無量諸佛所說大乘集成事令菩薩得入。此菩薩作是念：『如是無量如來境界，乃至於百千億那由他劫不能得知，我悉應以無功用無分別心成就圓滿。』

「佛子！此菩薩以深智慧如是觀察，常勤修習方便慧起殊勝道，安住不動，無有一念休息廢捨。行、住、坐、臥乃至睡夢，未曾暫與蓋障相應，常不捨於如是想念。此菩薩於念念中，常能具足十波羅蜜。何以故？念念皆以大悲為首，修行佛法向佛智故。所有善根，為求佛智施與眾生，是名檀那波羅蜜。能滅一切諸煩惱熱，是名尸羅波羅蜜。慈悲為首不損眾生，是名■提波羅蜜。求勝善法無有厭足，是名毘梨耶波羅蜜。一切智道常現在前，未嘗散亂，是名禪那波羅蜜。能忍諸法無生無滅，是名般若波羅蜜。能出生無量智，是名方便波羅蜜。能求上上勝智，是名願波羅蜜。一切異論及諸魔眾無能沮壞，是名力波羅蜜。如實了知一切法，是名智波羅蜜。佛子！此十波羅蜜，菩薩於念念中皆得具足。如是四攝、四持、三十七品、三解脫門，略說乃至一切菩提分法，於念念中皆悉圓滿。」

爾時解脫月菩薩問金剛藏菩薩言：「佛子！菩薩但於此第七地中滿足一切菩

提分法，為諸地中亦能滿足？」

金剛藏菩薩言：「佛子！菩薩於十地中皆能滿足菩提分法，然第七地最為殊勝。何以故？此第七地功用行滿，得入智慧自在行故。佛子！菩薩於初地中，緣一切佛法願求故，滿足菩提分法；第二地離心垢故，第三地願轉增長得法光明故，第四地入道故，第五地順世所作故，第六地入甚深法門故，第七地起一切佛法故，皆亦滿足菩提分法。何以故？菩薩從初地乃至第七地，成就智功用分。以此力故，從第八地乃至第十地，無功用行皆悉成就。佛子！譬如有二世界，一處雜染，一處純淨，是二中間難可得過，唯除菩薩有大方便神通願力。佛子！菩薩諸地亦復如是，有雜染行，有清淨行，是二中間難可得過，唯除菩薩有大願力方便智慧乃能得過。」

解脫月菩薩言：「佛子！此七地菩薩，為是染行？為是淨行？」

金剛藏菩薩言：「佛子！從初地至七地，所行諸行皆捨離煩惱業，以迴向無上菩提故，分得平等道故，然未名為超煩惱行。佛子！譬如轉輪聖王乘天象寶遊四天下，知有貧窮困苦之人，而不為彼眾患所染，然未名為超過人位。若捨王身生於梵世，乘天宮殿，見千世界，遊千世界，示現梵天光明威德，爾乃名為超過人位。佛子！菩薩亦復如是，始從初地至於七地，乘波羅蜜乘遊行世間，知諸世間煩惱過患，以乘正道故，不為煩惱過失所染，然未名為超煩惱行。若捨一切有功用行，從第七地入第八地，乘菩薩清淨乘遊行世間，知煩惱過失不為所染，爾乃名為超煩惱行，以得一切盡超過故。佛子！此第七地菩薩盡超過多貪等諸煩惱眾住此地，不名有煩惱者，不名無煩惱者。何以故？一切煩惱不現行故，不名有者；求如來智心未滿故，不名無者。

「佛子！菩薩住此第七地，以深淨心，成就身業，成就語業，成就意業。所有一切不善業道如來所訶，皆已捨離；一切善業如來所讚，常善修行。世間所有經書、技術，如五地中說，皆自然而行不假功用。此菩薩於三千大千世界中為大明師，唯除如來及八地已上其餘菩薩，深心妙行無與等者，諸禪、三昧、三摩鉢底、神通、解脫皆得現前。然是修成，非如八地報得成就。此地菩薩於念念中具足修習方便智力及一切菩提分法，轉勝圓滿。

「佛子！菩薩住此地，入菩薩善觀擇三昧、善擇義三昧、最勝慧三昧、分別義藏三昧、如實分別義三昧、善住堅固根三昧、智慧神通門三昧、法界業三昧、如來勝利三昧、種種義藏生死涅槃門三昧，入如是等具足大智神通門百萬三昧，淨治此地。是菩薩得此三昧，善治淨方便慧故，大悲力故，超過二乘地，得觀察智慧地。佛子！菩薩住此地，善淨無量身業無相行，善淨無量語業無相行，善淨無量意業無相行故，得無生法忍光明。」

解脫月菩薩言：「佛子！菩薩從初地來所有無量身、語、意業，豈不超過二乘耶？」

金剛藏菩薩言：「佛子！彼悉超過，然但以願求諸佛法故，非是自智觀察之力。今第七地自智力故，一切二乘所不能及。譬如王子生在王家，王后所生具足王相，生已即勝一切臣眾，但以王力，非是自力。若身長大藝業悉成，乃以自力超過一切。菩薩摩訶薩亦復如是，初發心時以志求大法故，超過一切聲聞、獨覺。今住此地，以自所行智慧力故，出過一切二乘之上。佛子！菩薩住此第七地，得甚深遠離無行、常行身語意業，勤求上道而不捨離，是故菩薩雖行實際而不作證。」

解脫月菩薩言：「佛子！菩薩從何地來，能入滅定？」

金剛藏菩薩言：「佛子！菩薩從第六地來，能入滅定。今住此地，能念念入，亦念念起，而不作證。故此菩薩名為成就不可思議身、語、意業，行於實際而不作證。譬如有人乘船入海，以善巧力不遭水難；此地菩薩亦復如是，乘波羅蜜船行實際海，以願力故而不證滅。

「佛子！此菩薩得如是三昧智力，以大方便，雖示現生死，而恒住涅槃。雖眷屬圍遶，而常樂遠離。雖以願力三界受生，而不為世法所染。雖常寂滅，以方便力而還熾然，雖然不燒。雖隨順佛智，而示入聲聞、辟支佛地。雖得佛境界藏，而示住魔境界。雖超魔道，而現行魔法。雖示同外道行，而不捨佛法。雖示隨順一切世間，而常行一切出世間法。所有一切莊嚴之事，出過一切天、龍、夜叉、乾闥婆、阿脩羅、迦樓羅、緊那羅、摩睺羅伽、人及非人、帝釋、梵王、四天王等之所有者，而不捨離樂法之心。

「佛子！菩薩成就如是智慧，住遠行地，以願力故，得見多佛，所謂見多百佛，乃至多百千億那由他佛。於彼佛所，以廣大心、增勝心，供養恭敬尊重讚歎，衣服、飲食、臥具、醫藥，一切資生悉以奉施，亦以供養一切眾僧，以此善根迴向阿耨多羅三藐三菩提。復於佛所恭敬聽法，聞已受持，獲如實三昧智慧光明，隨順修行。於諸佛所護持正法，常為如來之所讚喜，一切二乘所有問難無能退屈，利益眾生，法忍清淨。如是經無量百千億那由他劫，所有善根轉更增勝。譬如真金，以眾妙寶間錯莊嚴，轉更增勝倍益光明，餘莊嚴具所不能及；菩薩住此第七地所有善根亦復如是，以方便慧力轉更明淨，非是二乘之所能及。佛子！譬如日光，星月等光無能及者，閻浮提地所有泥潦悉能乾竭；此遠行地菩薩亦復如是，一切二乘無有能及，悉能乾竭一切眾生諸惑泥潦。此菩薩十波羅蜜中，方便波羅蜜偏多；餘非不行，但隨力隨分。

「佛子！是名略說菩薩摩訶薩第七遠行地。菩薩住此地，多作自在天王，善為眾生說證智法，令其證入。布施、愛語、利行、同事，如是一切諸所作業，皆不離念佛，乃至不離念具足一切種、一切智智。復作是念：『我當於一切眾生中為首、為勝，乃至為一切智智依止者。』此菩薩若發勤精進，於一念頃，得百千億那由他三昧，乃至示現百千億那由他菩薩以為眷屬。若以菩薩殊勝願力自在示現，過於此數，乃至百千億那由他劫不能數知。」

爾時金剛藏菩薩欲重宣此義而說頌曰：

第一義智三昧道，六地修行心滿足，
即時成就方便慧，菩薩以此入七地。
雖明三脫起慈悲，雖等如來勤供佛，
雖觀於空集福德，菩薩以此昇七地。
遠離三界而莊嚴，滅除惑火而起焰，
知法無二勤作業，了剎皆空樂嚴土，
解身不動具諸相，達聲性離善開演，
入於一念事各別，智者以此昇七地。
觀察此法得明了，廣為群迷興利益，
入衆生界無有邊，佛教化業亦無量。
國土諸法與劫數，解欲心行悉能入，
說三乘法亦無限，如是教化諸群生。

菩薩勤求最勝道，動息不捨方便慧，
一一迴向佛菩提，念念成就波羅蜜。
發心迴向是布施，滅惑為戒不害忍，
求善無厭斯進策，於道不動即修禪，
忍受無生名般若，迴向方便希求願，
無能摧力善了智，如是一切皆成滿。
初地攀緣功德滿，二地離垢三諍息，
四地入道五順行，第六無生智光照，
七住菩提功德滿，種種大願皆具足，
以是能令八地中，一切所作咸清淨。
此地難過智乃超，譬如世界二中間，
亦如聖王無染著，然未名為總超度。
若住第八智地中，爾乃逾於心境界，
如梵觀世超人位，如蓮處水無染著。

此地雖超諸惑眾，不名有惑非無惑，
以無煩惱於中行，而求佛智心未足。
世間所有眾技藝，經書詞論普明了，
禪定三昧及神通，如是修行悉成就。
菩薩修成七住道，超過一切二乘行，
初地願故此由智，譬如王子力具足。
成就甚深仍進道，心心寂滅不取證；
譬如乘船入海中，在水不為水所溺。
方便慧行功德具，一切世間無能了，
供養多佛心益明，如以妙寶莊嚴金。
此地菩薩智最明，如日舒光竭愛水，
又作自在天中主，化導群生修正智。
若以勇猛精勤力，獲多三昧見多佛，
百千億數那由他，願力自在復過是。

此是菩薩遠行地，　方便智慧清淨道，
一切世間天及人，　聲聞獨覺無能知。

大方廣佛華嚴經卷第三十七

【附錄四】

大智度論卷第二十（節錄）

龍樹菩薩造
姚秦三藏法師鳩摩羅什譯

釋初品中三三昧四禪四無量心四無色定

經「空三昧、無相三昧、無作三昧，四禪，四無量心，四無色定，八背捨，八勝處，九次第定，十一切處。」

論 問曰：何以故次三十七品後，說八種法？

答曰：三十七品是趣涅槃道，行是道已，得到涅槃城。涅槃城有三門：所謂空、無相、無作。已說道，次應說到處門；四禪等是助開門法。復次，三十七品是上妙法，欲界心散亂，行者依何地、何方便得？當依色界、無色界諸禪定。於四無量心、八背捨、八勝處、九次第定、十一切處中，試心知得柔輭自在隨意不？譬如御者試馬，曲折隨意，然後入陣。十一切處亦如是，觀取少許青色，視一切物皆能使青；一切黃、一切赤、一切白皆如是。復於八勝處緣中自在。初、二背捨，觀身不淨；第三背捨，觀身還使淨。四無量心：慈觀眾生皆樂，悲觀眾生皆苦，喜觀眾生皆喜；捨是三心，但觀眾生無有憎愛。復次，有二種觀：一者、得解觀；二者、實觀。實觀者，是三十七品。以實觀難得故，次第說得解觀。得解觀中心柔輭，易得實觀，用實觀得入三涅槃門。

問曰：何等空涅槃門？

答曰：觀諸法我、我所空，諸法從因緣和合生，無有作者，無有受者，是名空門。復次，空門，如忍智品中說。知是無我、我所已，眾生云何於諸法中心著？行者思惟作是念：諸法從因緣生，無有實法，但有相，而諸眾生取是相，著我、我所。我今當觀是相有實可得不？審諦觀之，都不可得；若男相、女相、一、異相等，是相實皆不可得。何以故？諸法無我、我所故空，空故無男、無女、一、異等法，我、我所中名字，是一、是異；以是故，男女、一、異法實不可得。

復次，四大及造色，圍虛空故名為身；是中內外入因緣和合生識種。身得是種和合，作種種事，言語、坐起、去來。於空六種和合中，強名為男，強名為女。若六種是男，應有六男，不可以一作六，六作一。亦於地種中無男女相，乃至識種亦無男女相。若各各中無，和合中亦無，如六狗各各不能生師子，和合亦不能生，無性故。

問曰：何以無男女？雖神無有別，即身分別有男女之異。是身不得離身分，身分亦不得離身；如見身分足，知有有分法，名為身；足等身分異身，身即是男女相。

答曰：神已先破，身相亦壞，今當重說。若有是有分名身，為各各分中具足有？為身分分在諸分中？若諸分中具足有身者，頭中應有脚，何以故？頭中具足有身故。若身分分在諸分中，是身與分無有異，有分者隨諸分故。

問曰：若足等身分，與有分異，是有咎；今足等身分，與有分身法不異，故無咎！

答曰：若足等身分與有分不異，頭即是足，何以故？二事是身不異故。又身分多，有分一，不應多作一，一作多。復次，因無故果無，非果無故因無。身分與有分不異，應果無故因無。何以故？因果一故。若一、若異中，求身不可得；身無故，何處有男女？若有男女，為即是身？為異身？身則不可得。若在餘法，餘法非色故，無男女之別。但二世因緣和合，以顛倒心故，謂為男女。如偈說：

俯仰屈伸立去來，視瞻言語中無實，風依識故有所作，是識滅相念念無。

彼此男女生我心，無智慧故妄見有，骨鎖相連皮肉覆，機關動作如木人。

內雖無實外似人，譬如烊金投水中，亦如野火焚竹林，因緣合故有聲出。

如是等諸相，如先所說，此中應廣說，是名無相門。無作者，既知無相都無作，是名無作門。

問曰：是三種，以智慧觀空，觀無相、無作；是智慧，何以故名三昧？

答曰：是三種智慧，若不住定中，則是狂慧，多墮邪疑，無所能作。若住定中，則能破諸煩惱，得諸法實相。復次，是道異一切世間，與世間相違。諸聖人在定中得實相說，非是狂心語。復次，諸禪定中無此三法，不名為三昧，何以故？還退失墮生死故。如佛說：

能持淨戒名比丘，能觀空名行定人，一心常勤精進者，是名真實行道人！

於諸樂中第一者，斷諸渴愛滅狂法，捨五衆身及道法，是為常樂得涅槃。

以是故，三解脫門佛說名為三昧。

問曰：今何以故名解脫門？

答曰：行是法得解脫，到無餘涅槃，以是故名解脫門。無餘涅槃是真解脫，於身、心苦得脫；有餘涅槃為作門。此三法雖非涅槃，涅槃因故，名為涅槃。世間有因中說果，果中說因。是空、無相、無作，是定性，是定相應心心數法，隨行身業、口業，此中起心不相應諸行和合，皆名為三昧。譬如王來，必有大臣營從。三昧如王，智慧如大臣，餘法如營從。餘法名雖不說，必應有，何以故？定力不獨生，不能獨有所作故。是諸法共生、共住、共滅、共成事，互相利益。

是空三昧二行：一者、觀五受眾，一相、異相無故空；二者、觀我、我所法，不可得故無我。

無相三昧四行：觀涅槃種種苦盡故名為盡，三毒等諸煩惱火滅故名為滅，一切法中第一故名為妙，離世間故名為出。

無作三昧十行：觀五受眾因緣生故無常；身心惱故苦。觀五受眾因四行：煩惱、有漏業和合能生苦果，故名為集；以六因生苦果，故名為因；四緣生苦果，故名為緣；不多不少等因緣生果，故名為生。觀五不受眾四行：是八聖道分，能到涅槃故道；不顛倒故正；一切聖人去處故迹；愛見煩惱不遮故必到。

是三解脫門，在九地中：四禪，未到地，禪中間，三無色，無漏性故。或有說者：三解脫門一向無漏，三三昧或有漏或無漏；以是故，三昧解脫有二名。如是說者：在十一地，六地、三無色、欲界及有頂地。若有漏者，繫在十一地；無漏者不繫。喜根、樂根、捨根相應。初學在欲界中，成就在色、無色界中。如是等成就不成就，修不修，如阿毗曇中廣說。

復次，有二種空義，觀一切法空：所謂眾生空，法空。眾生空，如上說。法空者，諸法自相空。如佛告須菩提：色、色相空，受想行識、識相空。

問曰：眾生空，法不空，是可信；法自相空，是不可信。何以故？若法自相空，則無生無滅；無生無滅故，無罪無福；無罪無福故，何用學道？

答曰：有法空故有罪福，若無法空，不應有罪福。何以故？若諸法實有自性，則無可壞。性相不從因緣生，若從因緣生，便是作法；若法性是作法，則可破。若言法性可作可破，是事不然！性名不作法，不待因緣有。諸法自性有，自性有則無生者，性先有故。若無生則無滅，生滅無故無罪福，無罪福故，何用學道？若眾生有真性者，則無能害，無能利，自性定故。如是等人，則不知恩義，破業果報。法空中亦無法空相，汝得法空，心著故，而生是難。

是法空，諸佛以憐愍心，為斷愛結，除邪見故說。復次，諸法實相能滅諸苦，諸聖人真實行處。若是法空有性者，說一切法空時，云何亦自空？若無法空性，汝何所難？以是二空，能觀諸法空，心得離諸法，知世間虛誑如幻。如是觀空，若取是諸法空相，從是因緣生憍慢等諸結使，言我能知諸法實相，是時應學無相門，以滅取空相故。若於無相中生戲論，欲分別有所作，著是無相。

是時復自思惟：我為謬錯，諸法空無相中云何得相、取相作戲論？是時應隨空、無相行，身口意不應有所作，應觀無作相，滅三毒，不應起身口意業，不應求三界中生身。如是思惟時，還入無作解脫門。是三解脫門，摩訶衍中是一法，以行因緣故，說有三種。觀諸法空，是名空；於空中不可取相，是時空轉名無相；無相中不應有所作為三界生，是時無相，轉名無作。

譬如城有三門，一人身不得一時從三門入，若入則從一門。諸法實相是涅槃城，城有三門，空、無相、無作。若人入空門，不得是空，亦不取相，是人直入事辦故，不須二門。若入是空門，取相得是空，於是人不得（宋南藏作不得不名）為門，通塗更塞。若除空相，是時從無相門入。若於無相相心著，生戲論，是時除取無相相，入無作門。阿毗曇義中：是空解脫門，緣苦諦攝五眾；無相解脫門，緣一法，所謂數緣盡；無作解脫門緣三諦攝五眾。摩訶衍義中：是三解脫門，緣諸法實相。以是三解脫門，觀世間即是涅槃。何以故？涅槃空、無相、無作，世間亦如是。

問曰：如經說涅槃一門，今何以說三？

答曰：先已說，法雖一而義有三。復次，應度者有三種：愛多者，見多者，愛見等者。見多者，為說空解脫門；見一切諸法從因緣生，無有自性，無自性故空，空故諸見滅。愛多者，為說無作解脫門；見一切法無常苦，從因緣生，見已心厭離愛，即得入道。愛見等者，為說無相解脫門；聞是男女等相無故斷愛，一異等相無故斷見。佛或一時說二門，或一時說三門。菩薩應徧學，知一切道，故說三門。更欲說行餘事故，三解脫門義略說。

大智度論卷第三十一

龍樹菩薩造
姚秦三藏法師鳩摩羅什譯

釋初品中十八空

經「復次，舍利弗！菩薩摩訶薩欲住內空、外空、內外空、空空、大空、第一義空、有為空、無為空、畢竟空、無始空、散空、性空、自相空、諸法空、不可得空、無法空、有法空、無法有法空，當學般若波羅蜜！」

論 內空者，內法、內法空。內法者，所謂內六入：眼、耳、鼻、舌、身、意。眼空，無我、無我所，無眼法；耳、鼻、舌、身、意亦如是。

外空者，外法、外法空。外法者，所謂外六入：色、聲、香、味、觸、法。色空者，無我、無我所，無色法；聲、香、味、觸、法亦如是。

內外空者，內外法、內外法空。內外法者，所謂內外十二入。十二入中，無我、無我所，無內外法。

問曰：諸法無量，空隨法故，則亦無量，何以但說十八？若略說，應一空，所謂一切法空。若廣說，隨一一法空，所謂眼空、色空等甚多，何以但說十八空？

答曰：若略說則事不周，若廣說則事繁。譬如服藥，少則病不除，多則增其患；應病投藥，令不增減，則能瘉病。空亦如是，若佛但說一空，則不能破種種邪見及諸煩惱；若隨種種邪見廣說空，空則過多，人愛著空相，墮在斷滅；說十八空，正得其中。

復次，若說十，若說十五，俱亦有疑，此非問也！復次，善惡之法，皆有定數：若四念處、四正勤、三十七品，十力、四無所畏、四無礙智、十八不共法，五眾、十二入、十八界，十二因緣，三毒、三結、四流、五蓋等，諸法如是各有定數；以十八種法中破著，故說有十八空。

問曰：般若波羅蜜、十八空，為異為一？若異者，離十八空，何以為般若空？又如佛說：何等是般若波羅蜜？所謂色空，受、想、行、識空，乃至一切種智空。若不異者，云何言欲住十八空，當學般若波羅蜜？

答曰：有因緣故言異，有因緣故言一。異者，般若波羅蜜，名諸法實相，滅一切觀法；十八空則十八種觀，令諸法空。菩薩學是諸法實相，能生十八種空，是名異。一者，十八空是空無所有相，般若波羅蜜亦空無所有相；十八空是捨離相，般若波羅蜜一切法中亦捨離相；是十八空不著相，般若波羅蜜亦不著相。以是故，學般若波羅蜜，則是十八空，不異故。

般若波羅蜜有二分：有小，有大。欲得大者，先當學小方便門；欲得大智慧，當學十八空。住是小智慧方便門，能得十八空。何等是方便門？所謂般若波羅蜜經，讀誦、正憶念、思惟、如說修行。譬如人欲得種種好寶，當入大海；若人欲得內空等三昧智慧寶，當入般若波羅蜜大海。

問曰：行者云何學般若波羅蜜時，住內空、外空、內外空？

答曰：世間有四顛倒：不淨中有淨顛倒，苦中有樂顛倒，無常中有常顛倒，無我中有我顛倒。行者為破四顛倒故，修四念處十二種觀：所謂初觀內身，三十六種不淨充滿，九孔常流，甚可厭患，淨相不可得；淨相不可得故，名內空。行者既知內身不淨，觀外所著，亦復如是，俱實不淨；愚夫狂惑，為淫欲覆心，故謂之為淨。觀所著色，亦如我身淨相不可得，是為外空。行者若觀己身不淨，或謂外色為淨；若觀外不淨，或謂己身為淨。今俱觀內外：我身不淨，外亦如是，外身不淨，我亦如是，一等無異，淨相不可得，是名內外空。行者思惟：知內外身俱實不淨，而惑者愛著深故，由以受身，身為大苦，而愚以為樂。

問曰：三受皆外入所攝，云何言觀內受？

答曰：六塵初與六情和合生樂，是名外樂；後貪著深入生樂，是名內樂。復次，內法緣樂，是名內樂；外法緣樂，是名外樂。復次，五識相應樂，是名外樂；意識相應樂，是名內樂。粗樂名為外樂，細樂名為內樂。如是等分別內外樂。苦受，不苦不樂受，亦如是。復次，行者思惟：觀是內樂實可得不？即分別知實不可得，但為是苦，強名為樂。何以故？是樂從苦因緣生，亦生苦果報，樂無厭足故苦。復次，如人患疥，搔雖小樂，後轉傷身，則為大苦；愚人謂之為樂，智者但見其苦。如是世間樂顛倒病故，著五欲樂，煩惱轉多；以是故行者不見樂，但見苦，如病如癰，如瘡如刺。復次，樂少苦多，少樂不現，故名為苦；如大河水，投一合鹽，則失鹽相，不名為鹹。復次，樂不定故，或此以為樂，彼以為苦；彼以為樂，此以為苦；著者為樂，失者為苦；愚以為樂，智以為苦；見樂患為苦，不見樂過者為樂；不見樂無常相為樂，見樂無常相為苦；未離欲人以為樂，離欲人以為苦；如是等觀樂為苦。觀苦如箭入身；觀不苦不樂無常變異相；如是等觀三種受，心則捨離，是名觀內受空。觀外受、內外受亦如是。行者作是念：若樂即是苦，誰受是苦？念已則知心受。然後觀心為實為虛？觀心無常，生、住、滅相；苦受心，樂受心，不苦不樂受心，各各異念。覺樂心滅，而苦心生；苦心爾所時住，住已還滅，次生不苦不樂心；知爾所時不苦不樂心住，住已還滅，滅已還生樂心。三受無常，故心亦無常。復次，知染心、無染心，瞋心、無瞋心，癡心、不癡心，散心、攝心，縛心、解脫心，如是等心，各各異相故，知心無常，無一定心常住。受苦受樂等心，從和合因緣生；因緣離散，心亦隨滅。如是等觀內心、外心、內外心無常相。

問曰：心是內入攝，云何為外心？

答曰：觀內身名為內心，觀外身名為外心。復次，緣內法為內心、緣外法為外心。復次，五識常緣外法，不能分別，故名為外心；意識能緣內法，亦分別好醜，故名為內心。復次，意識初生，未能分別決定，是為外心；意識轉深，能分別取相，是名內心。如是等分別內、外心。行者心意轉異，知身為不淨相，知受為苦相，知心不住為無常相；結使未斷故，或生吾我。如是思惟：若心無常，誰知是心？心為屬誰？誰為心主？而受苦樂一切諸物，誰之所有？即分別知無有別主，但於五眾取相故，計有人相而生我心，以我心故生我所。我所心生故，有利益我者生貪欲；違逆我者而生瞋恚；此結使不從智生，從狂惑生故，是名為癡。三毒為一切煩惱之根本，悉由吾我故作福德，為我後當得；亦修助道法，我當得解脫。初取相故名為想眾；因吾我起結使及諸善行，是名行眾；是二眾則是法念處。於想、行眾法中，求我不可得，何以故？是諸法皆從因緣生，悉是作法而不牢固，無實我法行；如芭蕉葉葉求之，中無有堅相；如遠見野馬，無水有水想，但誑惑於眼。如是等觀內法、外法、內外法。

問曰：法是外入攝，云何為內法？

答曰：內法名為內心相應想眾、行眾；外法名為外心相應想眾、行眾；及心不相應諸行、及無為法，一時等觀，名為內外法。其次，內法名為六情，外法名為六塵。復次，身、受、心及想、行眾，總觀為法念處。何以故？行者既於想眾、行眾及無為法中，求我不可得；還於身、受、心中求亦不可得。如是一切法中，若色、若非色，若可見、若不可見，若有對、若無對，若有漏、若無漏，若有為、若無為，若遠若近，若粗若細，其中求我皆不可得；但五眾和合故，強名為眾生，眾生即是我。我不可得故，亦無我所；我所不可得故，一切諸煩惱皆為衰薄。復次，身念處，名一切色法。行者觀內色，無常、苦、空、無我，觀外色，觀內外色，亦如是；受、心、法亦爾。四念處內觀相應三昧，名內空；四念處外觀相應三昧，名外空；四念處內外觀相應三昧，名內外空。

問曰：是空，為是三昧力故空？為是法自空？

答曰：有人言：名為三昧力故空，如經說三三昧，三解脫門：空、無相、無作。是空三昧，緣身、受、心、法，不得我、我所，故名為空。

問曰：四念處空法，皆應觀無常、苦、空、無我，何以故身觀不淨，受觀是苦，心觀無常，法觀無我？

答曰：雖四法皆觀無常、苦、空、無我，而眾生身中多著淨顛倒，受中多著樂顛倒，心中多著常顛倒，法中多著我顛倒；以是故行者觀身不淨，觀受是苦，觀心無常，觀法無我。復次，內外空者，無有內外定法，互相因待故，謂為內外。彼以為外，我以為內；我以為外，彼以為內。隨人所繫內法為內，隨人所著外法為外。如人自舍為內，他舍為外。行者觀是內外法無定相，故空。復次，是內外法，無有自性，何以故？和合生故。是內外法，亦不在和合因緣中，若因緣中無者，餘處亦無。內外法因緣亦無，因緣無故，內外法空。

問曰：內外法定有，云何言無？如手足等和合，故有身法生，是名內法。如梁椽壁等和合故，有屋法生，是名為外。是身法雖有別名，亦不異足等，所以者何？若離足等，身不可得故。屋亦如是。

答曰：若足不異身者，頭應是足，足與身不異故。若頭是足者，甚為可笑！

問曰：若足與身不異者，有如是過！今應足等和合故，更有法生名為身，身雖異於足等，應當依於足住。如眾縷和合而能生氎，是氎依縷而住。

答曰：是身法，為足等分中具有，為分有？若具有，頭中應有腳，何以故？

身法具有故。若分有，與足分無異。又身是一法，所因者多，一不為多，多不為一。復次，若除足等分別有身者，與一切世間皆相違背。以是故，身不得言即是諸分，亦不得言異於諸分；以是故則無身，身無故足等亦無，如是等名為內空。房舍等外法，亦如是空，名為外空。

問曰：破身、舍等，是為破一、破異，破一、破異，是破外道經；佛經中實有內外法，所謂內六情、外六塵，此云何無？

答曰：是內外法和合假有名字，亦如身、如舍。

復次，略說有二種空：眾生空，法空。小乘弟子鈍根故，為說眾生空，我、我所無故，則不著餘法；大乘弟子利根故，為說法空，即時知世間常空如涅槃。聲聞說內空，於內法中無我、無我所、無常、無作者、無知者、無受者，是名內空；外空亦如是。不說內法相、外法相即是空。大乘說內法中無內法相，外法中無外法相。如般若波羅蜜中說：色、色相空，受、想、行、識，識相空；眼，眼相空，耳、鼻、舌、身、意，意相空；色，色相空，聲、香、味、觸、法，法相空。如是等一切諸法自法空。

問曰：此二種說內外空，何者是實？

答曰：二皆是實，但為小智鈍根故，先說眾生空；為大智利根者，說法空。如人閉獄，破壞桎梏，傷殺獄卒，隨意得去；又有怖畏盜穿牆壁，亦得免出。聲聞者，但破吾我因緣，不生諸煩惱，離諸法愛，畏怖老、病、死、惡道之苦；不復欲本末推求了了，壞破諸法，但以得脫為事。大乘者，破三界獄，降伏魔眾，斷諸結使及滅習氣，了知一切諸法本末，通達無礙；破散諸法，令世間如涅槃，同寂滅相，得阿耨多羅三藐三菩提，將一切眾生令出三界。

問曰：大乘云何破壞諸法？

答曰：佛說色從種種因緣生，無有堅實；如水波浪而成泡沫，暫見即滅，色亦如是。今世四大，先世行業因緣和合故而得成色，因緣滅故色亦俱滅；行無常道，轉入空門。所以者何？諸法生滅，無有住時，若無住時，則無可取。復次，有為相故，生時有滅，滅時有生；若已生，生無所用；若未生，生無所生法，與生亦不應有異。何以故？生若生法，應有生生，如是復應有生，是則無窮；若生生更無生者，生亦不應有生；若生無有生者，法亦不應有生。如是生不可得，滅亦如是。以是故，諸法空不生不滅，是為實。復次，諸法若有者，終歸於無；若後無者，初亦應無。如人著屐，初已有故，微細不覺；若初無故，則應常新；若後有故相，初亦有故。法亦如是，後有無故，初亦有無，以是故一切法應空。以眾生顛倒，著內六情故，行者破是顛倒，名為內空。外空、內外空亦如是。

空空者，以空，破內空、外空、內外空；破是三空，故名為空空。復次，先以法空，破內外法，復以此空，破是三空，是名空空。復次，空三昧觀五眾空，得八聖道，斷諸煩惱，得有餘涅槃。先世業因緣身命盡時，欲放捨八道，故生空空三昧，是名空空。

問曰：空與空空有何等異？

答曰：空破五受眾，空空破空。

問曰：空若是法，空為已破；空若非法，空何所破？

答曰：空破一切法，唯有空在；空破一切法已，空亦應捨；以是故，須是空空。復次，空緣一切法，空空但緣空；如一健兒破一切賊，復更有人能破此健人；空空亦如是。又如服藥，藥能破病，病已得破，藥亦應出，若藥不出，則復是病。以空滅諸煩惱病，恐空復為患，是故以空捨空，是名空空。

大空者，聲聞法中，法空為大空。如雜阿含大空經說：生因緣老死。若有人言：是老死，是人老死，二俱邪見。是人老死則眾生空，是老死是法空。摩訶衍經說：十方、十方相空，是為大空。

問曰：十方空，何以名為大空？

答曰：東方無邊故名為大，亦一切處有故名為大，徧一切色故名為大，常有故名為大，益世間故名為大，令眾生不迷悶故名為大。如是大方能破，故名為大空。餘空破因緣生法、作法，粗法易破，故不名為大；是方非因緣生法，非作法，微細法難破，故名為大空。

問曰：若佛法中無方，三無為：虛空、智緣、非智緣盡亦所不攝，何以言，有方亦是常，是無為法，非因緣生法、非作法、微細法？

答曰：是方法，聲聞論義中無。摩訶衍法中，以世俗諦故有，第一義中，一切法不可得，何況方？如五眾和合，假名眾生；方亦如是，四大造色和合中，分別此間彼間等，假名為方。日出處是則東方，日沒處是則西方，如是等是方相。

是方自然常有故，非因緣生；亦不先無今有，今有後無，故非作法；非現前知故，是微細法。

問曰：方若如是，云何可破？

答曰：汝不聞我先說，以世俗諦故有，第一義故破。以俗諦有故，不墮斷滅中；第一義破故，不墮常中。是名略說大空義。

問曰：第一義空亦能破無作法，無因緣法，細微法，何以不言大空？

答曰：前已得大名，故不名為大。今第一義名雖異，義實為大。出世間以涅槃為大，世間以方為大，以是故第一義亦是大空。復次，破惡時大邪見故，名為大空。如行者以慈心緣東方一國土眾生，復緣一國土眾生，如是展轉緣時，若謂盡緣東方國土，則墮邊見；若謂未盡，則墮無邊見；生是二見故，即失慈心。若以方空破是東方，則滅有邊、無邊見；若不以方空破東方者，則隨東方心，隨心不已，慈心則滅，邪心則生。譬如大海潮時，至其常限，水則旋還；魚若不還，則漂在露地，有諸苦患；若魚有智，則隨水還，永得安穩。行者如是，若隨心不還，則漂在邪見；若隨心還，不失慈心。如是破惡時大邪見故，名為大空。

第一義空者，第一義名諸法實相，不破不壞故，是諸法實相亦空。何以故？無受無著故。若諸法實相有者，應受應著，以無實故，不受不著，若受著者，即是虛誑。復次，諸法中第一法名，名為涅槃。如阿毗曇中說：云何有上法？一切有為法及虛空，非智緣盡。云何無上法？智緣盡。智緣盡即是涅槃，涅槃中亦無涅槃相，涅槃空是第一義空。

問曰：若涅槃空無相，云何聖人乘三種乘入涅槃？又一切佛法，皆為涅槃故說。譬如眾流，皆入於海。

答曰：有涅槃，是第一寶無上法。是有二種：一、有餘涅槃；二、無餘涅槃。愛等諸煩惱斷，是名有餘涅槃；聖人今世所受五眾盡，更不復受，是名無餘涅槃。不得言涅槃無，以眾生聞涅槃名，生邪見，著涅槃音聲而作戲論：若有若無。以破著故，說涅槃空。若人著有，是著世間；若著無，則著涅槃。破是凡人所著涅槃，不破聖人所得。何以故？聖人於一切法中不取相故。復次，愛等諸煩惱，假名為縛；若修道，解是縛，得解脫，即名涅槃；更無有法名為涅槃。如人被械得脫，而作戲論：是械，是腳，何者是解脫？是人可笑，於腳械外更求解脫！

眾生亦如是，離五眾械更求解脫法。復次，一切法不離第一義，第一義不離諸法實相；能使諸法實相空，名為第一義空。如是等種種，名為第一義空。

有為空、無為空者，有為法，名因緣和合生，所謂五眾、十二入、十八界等。無為法，名無因緣，常不生不滅如虛空。今有為法二因緣故空：一者、無我、無我所及常相，不變異不可得故空；二者、有為法有為法相空，不生不滅，無所有故。

問曰：我、我所及常相不可得故應空，云何言有為法有為法相空？

答曰：若無眾生，法無所依。又無常故無住時，無住時故不可得知，是故法亦空。

問曰：有為法中，常相不可得，不可得者，為是眾生空？為是法空？

答曰：有人言：我心顛倒，故計我為常，是常空，則入眾生空。有人言：以心為常，如梵天王說：是四大，四大造色悉皆無常，心意識是常。是常空，則入法空。或有人言：五眾即是常，如色眾雖復變化而亦不滅，餘眾如心說。五眾空，即是法空。是故常空，亦入法空中。復次，有為法、無為法空者，行者觀有為法、無為法實相，無有作者，因緣和合故有，皆是虛妄，從憶想分別生。不在內，不在外，不在兩中間。凡夫顛倒見故有，智者於有為法不得其相，知但假名，以此假名導引凡夫；知其虛誑無實，無生無作，心無所著。復次，諸賢聖人，不緣有為法而得道果，以觀有為法空故，於有為法心不繫著故。復次，離有為則無無為，所以者何？有為法實相即是無為，無為相者則非有為，但為眾生顛倒故分別說。有為相者，生、滅、住、異；無為相者，不生、不滅、不住、不異，是為入佛法之初門。若無為法有相者，則是有為。有為法生相者，則是集諦；滅相者則是盡諦；若不集則不作，若不作則無滅，是名無為法如實相。若得是諸法實相，則不復墮生、滅、住、異相中。是時不見有為法與無為法合，不見無為法與有為法合，於有為法無為法不取相，是為無為法。所以者何？若分別有為法、無為法，則於有為、無為而有礙。若斷諸憶想分別，滅諸緣；以無緣實智，不墮生數中，則得安隱常樂涅槃。

問曰：前五空皆別說，今有為、無為空，何以合說？

答曰：有為、無為法，相待而有，若除有為則無無為，若除無為則無有為，是二法攝一切法。行者觀有為法無常、苦、空等過，知無為法所益處廣，是故二事合說。

問曰：有為法，因緣和合生，無自性故空，此則可爾；無為法非因緣生法，無破無壞，常若虛空，云何空？

答曰：如先說，若除有為則無無為，有為實相即是無為。如有為空，無為亦空，以二事不異故。復次，有人聞有為法過罪，而著無為法，以著故生諸結使。如阿毗曇中說：八十九有為法緣，六無為法緣，三當分別：欲界繫，盡諦所斷無明使，或有為緣，或無為緣。何者有為緣？盡諦所斷有為法緣使相應無明使。何者無為緣？盡諦所斷有為法緣使不相應無明使。色無色界無明，亦如是。以此結使故，能起不善業，不善業故墮三惡道，是故言無為法空。無為緣使：疑、邪見、無明。疑者，於涅槃法中有耶？無耶？邪見者，若生心言定無涅槃。是邪疑相應無明、及獨無明，合為無明使。

問曰：若云無為法空，與邪見何異？

答曰：邪見人不信涅槃，然後生心言定無涅槃法；無為空者，破取涅槃相，是為異。復次，若人捨有為著無為，以著故，無為即成有為。以是故，雖破無為而非邪見，是名有為、無為空。

畢竟空者，以有為空、無為空，破諸法無有遺餘，是名畢竟空。如漏盡阿羅漢，名畢竟清淨，阿那含乃至離無所有處欲，不名畢竟清淨。此亦如是，內空、外空、內外空、十方空、第一義空、有為空、無為空，更無有餘不空法，是名畢竟空。復次，若人七世、百千萬億無量世貴族，是名畢竟貴，不以一世、二、三世貴族為真貴也。畢竟空亦如是，從本已來，因緣無有定實不空者。有人言：今雖空，最初不空；如天造物始，及冥初、微塵，是等皆空。何以故？果無常，因亦無常。如虛空不作果，亦不作因，天及微塵等，亦應如是；若是常，不應生無常。若過去無定相，未來、現在世亦如是；於三世中無有一法定實不空者，是名畢竟空。

問曰：若三世都空，乃至微塵及一念無所有者，則是大可畏處！諸智慧人以禪定樂故捨世間樂，以涅槃樂故捨禪定樂；今畢竟空中乃至無有涅槃，依止何法得捨涅槃？

答曰：有著吾我人，以一、異相分別諸法，如是之人，則以為畏。如佛說：凡夫人大驚怖處，所謂無我、無我所。復次，有為法有三世，以有漏法故生著處。涅槃名一切愛著斷，云何於涅槃而求捨離？復次，如比丘破四重禁，是名畢竟破戒，不任得道！又如作五逆罪，畢竟閉三善道！若取聲聞證者，畢竟不得作佛。畢竟空亦如是，於一切法畢竟空，無復有餘。

問曰：一切法畢竟空，是事不然！何以故？三世十方諸法，乃至法相、法住，必應有實。以有一法實故，餘法為虛妄；若無一法實者，亦不應有諸虛妄法是畢竟空。

答曰：無有乃至一法實者，何以故？若有乃至一法實者，是法應若有為、若無為。若是有為，有為空中已破；若是無為，無為空中亦破。如是世間、出世間：若世間，內空、外空、內外空、大空已破；若出世間，第一義空已破。色法、無色法，有漏、無漏法等，亦如是。復次，一切法皆畢竟空，是畢竟空亦空；空無有法故，亦無虛實相待。復次，畢竟空者，破一切法令無遺餘，故名畢竟空；若小有遺餘，不名畢竟。若言相待故應有，是事不然！

問曰：諸法不盡空，何以故？因緣所生法空、而因緣不空。譬如梁椽因緣和合，故名舍，舍空而梁椽不應空！

答曰：因緣亦空，因緣不定故。譬如父子，父生故名為子，生子故名為父。復次，最後因緣，無依止故；如山河樹木眾生之類，皆依止地，地依止水，水依止風，風依止虛空，虛空無所依止。若本無所依止，末亦無所依止；以是故，當知一切法畢竟空。

問曰：不然，諸法應有根本。如神通有所變化，所化雖虛，而化主不空！

答曰：凡夫人見所化物不久故謂之為空，化主久故謂之為實；聖人見化主復從前世業因緣和合生，今世復集諸善法得神通力，故能作化。如般若波羅蜜後品中說，有三種變化：煩惱變化、業變化、法變化，（法法身也）是故知化主亦空。

問曰：諸不牢固者，不實故應空，諸牢固物及實法不應空。如大地、須彌山、大海水、日、月、金剛等色實法，牢固故不應空。所以者何？地及須彌常住竟劫；眾川有竭，海則常滿；日月周天，無有窮極。又如凡人所見，虛妄不真，故應空；聖人所得：如及法性、真際、涅槃相，應是實法，云何言畢竟皆空？復次，有為法因緣生，故不實，無為法不從因緣生，故應實，復云何言畢竟空？

答曰：堅固不堅固不定，故皆空。所以者何？有人以此為堅固，有人以此為不堅固。如人以金剛為牢固，帝釋手執，如人捉杖，不以為牢固。又不知破金剛因緣，故以為牢固，若知著龜骨上，以山羊角打破，則知不牢固。如七尺之身，以大海為深；羅睺阿脩羅王立大海中，膝出水上；以兩手隱須彌頂，下向觀忉利天善見城，此則以海水為淺。若短壽人以地為常久牢固，長壽者見地無常不牢固。如佛說七日喻經，佛告諸比丘：一切有為法，無常變異，皆歸磨滅。劫欲盡時，大旱積久，藥草樹木，皆悉焦枯。有第二日出，諸小流水，皆悉乾竭。第三日出，大河流水，亦都涸盡。第四日出，閻浮提中四大河及阿那婆達多池，皆亦空竭。第五日出，大海乾涸。第六日出，大地、須彌山等，皆悉煙出，如陶燒器。第七日出，悉皆熾然，無復煙氣；地及須彌乃至梵天，火皆然滿。爾時，新生光音天者，見火怖畏言：既燒梵宮，將無至此！先生諸天慰喻後生天言：曾已有此，正燒梵宮，於彼而滅，不來至此。燒三千大千世界已，無復灰炭！佛語比丘：如此大事，誰信之者，唯有眼見，乃能信耳！又比丘過去時，須涅多羅外道師，離欲行四梵行，無量弟子亦得離欲。須涅多羅作是念：我不應與弟子同生一處，今當深修慈心；此人以深思慈故，生光音天。佛言：須涅多羅者，我身是也；我是時眼見此事。以是故，當知牢固實物，皆悉歸滅！

問曰：汝說畢竟空，何以說無常事？畢竟空今即是空，無常今有後空！

答曰：無常則是空之初門。若諦了無常，諸法則空。以是故，聖人初以四行觀世間無常；若見所著物無常，無常則能生苦，苦故心生厭離。若無常、空相，則不可取，如幻如化，是名為空。外物既空，內主亦空，是名無我。復次，畢竟空是為真空。有二種眾生：一、多習愛，二、多習見。愛多者，喜生著，以所著無常，故生憂苦。為是人說：汝所著物無常壞故，汝則為之生苦，若此所著物生苦者，不應生著，是名說無作解脫門。見多者，為分別諸法，以不知實故而著邪見；為是人故直說諸法畢竟空。復次，若有所說，皆是可破，可破故空；所見既空，見主亦空，是名畢竟空。汝言聖人所得法應實者，以聖人法能滅三毒，非顛倒虛誑，能令眾生離老病死苦，得至涅槃。是雖名實，皆從因緣和合生故，先無今有，今有後無故，不可受不可著故，亦空非實。如佛說栰喻經：善法尚應捨，何況不善？復次，聖人有為無漏法，從有漏法緣生，有漏法虛妄不實緣所生法，云何為實？離有為法，無無為法。如先說：有為法實相，即是無為法。以是故，一切法畢竟不可得故，名為畢竟空。

無始空者，世間若眾生、若法，皆無有始。如今生從前世因緣有，前世復從前世有，如是展轉，無有眾生始。法亦如是。何以故？若先生後死，則不從死故生，生亦無死；若先死後有生，則無因無緣，亦不生而有死，以是故，一切法則無有始。如經中說，佛語諸比丘：眾生無有始，無明覆，愛所繫，往來生死，始不可得。破是無始法，故名為無始空。

問曰：無始是實，不應破。何以故？若眾生及法有始者，即墮邊見，亦墮無因見。遠離如是等過，故應說眾生及法無始；今以無始空破是無始，則還墮有始見。

答曰：今以無始空破無始見，又不墮有始見。譬如救人於火，不應著深水中。今破是無始，亦不著有始中，是則行於中道！

問曰：云何破無始？

答曰：以無窮故，若無窮則無後，無窮無後，則亦無中。若無始，則為破一切智人。所以者何？若世間無窮，則不知其始，不知始故，則無一切智人，若有一切智人不名無始！復次，若取眾生相，又取諸法一相、異相，以此一、異相，從今世推前世，從前世復推前世；如是展轉，眾生及法始不可得，則生無始見；是見虛妄，以一、異為本，是故應破。如有為空破有為法，是有為空即復為患；復以無為空破無為法。今以無始破有始，無始即復為患；復以無始空破是無始，是名無始空。

問曰：若爾者，佛何以說眾生往來生死，本際不可得？

答曰：欲令眾生知久遠已來，往來生死為大苦，生厭患心。如經說：一人在世間，計一劫中受身被害時，聚集諸血，多於海水；啼泣出淚，及飲母乳，皆亦如是。積集身骨，過於毗浮羅山。譬喻斬天下草木為二寸籌，數其父、祖、曾祖，猶不能盡；又如盡以地為泥丸，數其母及曾祖母，猶亦不盡。如是等無量劫中，受生死苦惱，初始不可得故，心生怖畏，斷諸結使。如無常雖為邊，而佛以是無常而度眾生；無始亦如是，雖為是邊，亦以是無始而度眾生。為度眾生，令生厭心，故說有無始，非為實有無始。所以者何？實有無始，不應說無始空！

問曰：若無始非實法，云何以度人？

答曰：實法中無度人，諸可說法語言度人，皆是有為虛誑法。佛以方便力故，說是無始，以無著心說，故受者亦得無著，無著故則生厭離。復次，以宿命智見眾生生死相續無窮，是時為實。若以慧眼，則見眾生及法畢竟空；以是故說無始空。如般若波羅蜜中說：常觀不實，無常觀亦不實；苦觀不實，樂觀亦不實；而佛說常、樂為倒，無常、苦為諦。以眾生多著常、樂，不著無常、苦，是故以無常、苦諦，破是常、樂倒。以是故，說無常、苦為諦；若眾生著無常、苦者，說無常、苦亦空。有始、無始亦如是。無始，能破著始倒，若著無始，復以無始為空，是名無始空。

問曰：有始法亦是邪見，應當破，何以但破無始？

答曰：有始是大惑，所以者何？若有始者，初身則無罪福因緣而生善惡處；若從罪福因緣而生，不名為初身。何以故？若有罪福，則從前身受後身故。若世間無始，無如是咎。是故菩薩先已捨是粗惡邪見。菩薩常習用無始，念眾生故說無始，常行因緣法故，言法無始。未得一切智故，或於無始中錯謬，是故說無始空。復次，無始已破有始，不須空破有始，今欲破無始，故說無始空。

問曰：若無始破有始者，有始亦能破無始，汝何以言但以空破無始？

答曰：是二雖皆邪見，而有差別：有始，起諸煩惱邪見因緣；無始，起慈悲及正見因緣。所以者何？念眾生受無始世苦惱而生悲心，知從身次第生身，相續不斷，便知罪福果報而生正見。若人不著無始，即是助道善法；若取相生著，即是邪見，如常、無常見。有始見雖破無始見，不能畢竟破無始，無始能畢竟破有始，是故無始為勝。如善破不善，不善破善，雖互相破，而善能畢竟破惡，如得賢聖道，永不作惡。惡法則不然，勢力微薄故。如人雖起五逆罪，斷善根，墮地獄，久不過一劫因緣得脫地獄，終成道果。無始、有始優劣不同，亦如是。以無始力大故，能破有始，是故不說有始空。

散空者，散名別離相，如諸法和合故有：如車以輻、輞、輮、轂，眾合為車，若離散各在一處，則失車名。五眾和合因緣，故名為人，若別離五眾，人不可得。

問曰：若如是說，但破假名而不破色；亦如離散輻輞，可破車名，不破輻輞。散空亦如是，但離散五眾，可破人而不破色等五眾！

答曰：色等亦是假名破，所以者何？和合微塵假名為色故。

問曰：我不受微塵，今以可見者為色，是實為有，云何散而為空？

答曰：若除微塵，四大和合因緣生出可見色，亦是假名。如四方風和合，扇水則生沫聚，四大和合成色亦如是；若離散四大，則無有色。復次，是色以香、味、觸及四大和合，故有色可見除諸香、味、觸等更無別色。以智分別，各各離散，色不可得。若色實有，捨此諸法，應別有色而更無別。是故經言：所有色皆從四大和合有，和合有故皆是假名，假名故可散。

問曰：色假名故可散，四眾無色，云何可散？

答曰：四陰亦是假名，生、老、住，無常觀故，散而為空。所以者何？生時異，老時異，住時異，無常時異故。復次，三世中觀是四眾，皆亦散滅。復次，心隨所緣，緣滅則滅，緣破則破。復次，此四眾不定，隨緣生故；譬如火，隨所燒處為名，若離燒處火不可得。因眼緣色生眼識，若離所緣，識不可得；餘情識亦如是。如經中說：佛告羅陀！此色眾破壞散滅，令無所有。餘眾亦如是，是名散空。復次，譬如小兒，聚土為臺殿、城郭、閭里、宮舍，或名米，或名為麵，愛著守護；日暮將歸，其心捨離，蹋壞散滅。凡夫人亦如是，未離欲故，於諸法中生愛著心；若得離欲，見諸法皆散壞棄捨，是名散空。復次，諸法合集故，各有名字，凡夫人隨逐名字，生顛倒染著；佛為說法，當觀其實，莫逐名字，有無皆空。如迦旃延經說：觀集諦則無無見，觀滅諦則無有見。如是種種因緣，是名散空。

性空者，諸法性常空，假來相續故，似若不空。譬如水性自冷，假火故熱，止火停久，水則還冷。諸法性亦如是，未生時空無所有，如水性常冷；諸法眾緣和合故有，如水得火成熱；眾緣若少若無，則無有法，如火滅湯冷。如經說：眼空，無我、無我所。何以故？性自爾！耳、鼻、舌、身、意，色乃至法等，亦復如是。

問曰：此經說我、我所空，是為眾生空，不說法空，云何證性空？

答曰：此中但說性空，不說眾生空及法空。性空有二種：一者、於十二入中無我、無我所；二者、十二入相自空。無我、無我所，是聲聞論中說。摩訶衍法說：十二入我、我所無故空，十二入性無故空。復次，若無我、無我所，自然得法空。以人著我及我所故，佛但說無我、無我所；如是應當知一切法空。若我、我所法尚不著，何況餘法！以是故，眾生空、法空、終歸一義，是名性空。復次，性名自有，不待因緣，若待因緣，則是作法，不名為性。諸法中皆無性，何以故？一切有為法，皆從因緣生，因緣生則是作法；若不從因緣和合，則是無法；如是一切諸法性不可得故，名為性空。

問曰：畢竟空無所有，則是性空，今何以重說？

答曰：畢竟空者，名為無有遺餘；性空者，名為本來常爾。如水性冷，假火故熱，止火則還冷。畢竟空如虛空，常不生不滅，不垢不淨，云何言同！復次，諸法畢竟空，何以故？性不可得故。諸法性空，何以故？畢竟空故。復次，性空，多是菩薩所行；畢竟空，多是諸佛所行。何以故？性空中，但有因緣和合，無有實性；畢竟空，三世清淨；有如是等差別。

復次，一切諸法性有二種：一者、總性；二者、別性。總性者，無常、苦、空、無我，無生無滅，無來無去，無入無出等。別性者，如火熱性，水溼性，心為識性。如人喜作諸惡，故名為惡性；好集善事，故名為善性。如十力經中說：佛知世間種種性，如是諸性皆空，是名性空。何以故？若無常性是實，應失業果報。所以者何？生滅過去不住故，六情亦不受塵，亦無積習因緣；若無積習，則無誦經、坐禪等；以是故，知無常性不可得。無常尚不可得，何況常相！復次，苦性亦不可得，若實有是苦，則不應生染著心。若人厭畏苦痛，於諸樂中亦應厭畏；佛亦不應說三受：苦、樂、不苦不樂；亦不應苦中生瞋，樂中生愛，不苦不樂中生癡。若一相者，樂中應生瞋，苦中應生愛，但是事不然！如是等苦性，尚不可得，何況樂性虛妄而可得。復次，空相亦不可得，所以者何？若有空相，則無罪福，無罪福故，亦無今世後世。復次，諸法相待有，所以者何？若有空應當有實，若有實應當有空，空性尚無，何況有實！復次，若無我者，則無縛無解，亦無從今世至後世受罪福，亦無業因緣果報；如是等因緣，知無我性尚不可得，何況我性！復次，無生無滅性亦不實，何以故？若實則墮常見，若一切法常，則無罪無福；若有者常有，無者常無，若無者不生，有者不失。如不生不滅性不可得，何況生滅性！無來無去，無入無出等，諸總性亦如是。

復次，諸法別性，是亦不然！何以故？如火能燒，造色能照，二法和合，故名為火。若離是二法有火者，應別有用而無別用；以是故，知火是假名，亦無有實。若實無火法，云何言熱是火性？復次，熱性從眾緣生，內有身根，外有色觸，和合生身識，覺知有熱；若未和合時，則無熱性，以是故，知熱非火性。復次，若火實有熱性，云何有人入火不燒，及人身中火而不燒身？空中火，水不能滅？以火無定熱性故。神通力故，火不能燒身；業因緣五藏不爇；神龍力故水不能滅。復次，若熱性與火異，火則非熱；若熱與火一，云何言熱是火性？餘性亦如是。是總性、別性無故，名為性空。

復次，性空者，從本已來空。如世間人，謂虛妄不久者是空；如須彌、金剛等物，及聖人所知，以為真實不空。欲斷此疑故，佛說是雖堅固相續久住，皆亦性空。聖人智慧，雖度眾生，破諸煩惱，性不可得故，是亦為空。又人謂五眾、十二入、十八界皆空；但如、法性、實際，是其實性。佛欲斷此疑故，但分別說五眾，如、法性、實際，皆亦是空，是名性空。復次，有為性三相：生、住、滅；無為性亦三相：不生、不住、不滅。有為性尚空，何況有為法！無為性尚空，何況無為法！以是種種因緣，性不可得，名為性空。

自相空者，一切法有二種相：總相，別相。是二相空，故名為相空。

問曰：何等是總相？何等是別相？

答曰：總相者，如無常等；別相者，諸法雖皆無常，而各有別相；如地有堅相，火為熱相。

問曰：先已說性，今說相，性、相有何等異？

答曰：有人言：其實無異，名有差別，說性則為說相，說相則為說性；譬如說火性即是熱相，說熱相即是火性。有人言：性相小有差別，性言其體，相言可識。如釋子受持禁戒，是其性；剃髮、割截染衣，是其相。梵志自受其法，是其性；頂有周羅，執三歧杖，是其相。如火熱是其性，煙是其相。近為性，遠為相。相不定從身出，性則言其實。如見黃色為金相而內是銅，火燒石磨，知非金性。如人恭敬供養時，似是善人，是為相；罵詈毀辱，忿然瞋恚，是其性。性相、內外、遠近、初後，有如是差別。是諸相皆空，名為相空。如說一切有為法，皆是無常相。所以者何？生滅不住故，先無今有、已有還無故，屬諸因緣故，虛誑不真故，無常因緣生故，眾合因緣起故。如是等因緣，故一切有為法是無常相。能生身心惱故，名為苦：身四威儀無不苦故，苦聖諦故，聖人捨不受故，無時不惱故，無常故，如是等因緣，名為苦相。離我所故空，因緣和合生故空，無常、苦、空、無我故名為空，始終不可得故空，誑心故名為空，賢聖一切法不著故名為空，以無相、無作解脫門故名為空，諸法實相無量無數故名為空，斷一切語言道故名為空，滅一切心行故名為空，諸佛、辟支佛、阿羅漢入而不出故名為空。如是等因緣故，是名為空。無常、苦、空故無我，不自在故無我，無主故名為無我；諸法無不從因緣生、從因緣生故無我，無相無作故無我，假名字故無我，身見顛倒故無我，斷我心得道故無我。以是種種，名為無我。如是等名總相。別相者，地堅相，火熱相，水溼相，風動相；眼識依處名眼相，耳、鼻、舌、身亦如是；識覺相，智慧相、慧智相；捨為施相，不悔不惱為持戒相，心不變異為忍相，發勤為精進相，攝心為禪相，無所著為智慧相，能成事為方便相；識作生滅為世間相，無識為涅槃相。如是等諸法各有別相，知是諸相皆空，是名自相空。餘義如性空中說，性相義同故。
問曰：何以不但說相空而說自相空？
答曰：若說相空，不說法體空，說自相空，即法體空。復次，眾法和合，故一法生，是一法空，如是等一一法皆空。今和合因緣法，展轉皆亦空，一切法各各自相空，以是故，名為自相空。
問曰：若一切法各各自相空，云何復有所說？
答曰：眾生顛倒故，以一相、異相、總相、別相等，而著諸法，為斷是故而有所說。如是等因緣，名為自相空。
一切法空者，一切法，名五眾、十二入、十八界等；是諸法皆入種種門，所謂一切法有相、知相、識相，緣相、增上相，因相、果相，總相、別相，依相。
問曰：云何一切法有相？
答曰：一切法有好有醜，有內有外；一切法有心生，故名為有。
問曰：無法中云何言有相？
答曰：若無法不名為法，但以遮有故，名字為無法；若實有無法，則名為有；是故說一切法有相。知相者，苦法智、苦比智能知苦諦，集法智、集比智能知集諦，滅法智、滅比智能知滅諦，道法智、道比智能知道諦。及世俗善智，能知苦，能知集，能知滅，能知道；亦能知虛空，非智緣滅，是名一切法知相。識相者，眼識能知色，耳識能知聲，鼻識能知香，舌識能知味，身識能知觸，意識能知法。能知眼、能知色、能知眼識；能知耳、能知聲、能知耳識；能知鼻、能知香、能知鼻識；能知舌、能知味、能知舌識；能知身、能知觸、能知身識；能知意、能知法、能知意識；是名識相。緣相者，眼識及眼識相應諸法能緣色，耳識及耳識相應諸法能緣聲，鼻識及鼻識相應諸法能緣香，舌識及舌識相應諸法能緣味，身識及身識相應諸法能緣觸，意識及意識相應諸法能緣法。能緣眼、能緣色、能緣眼識；能緣耳、能緣聲、能緣耳識；能緣鼻、能緣香、能緣鼻識；能緣舌、能緣味、能緣舌識；能緣身、能緣觸、能緣身識；能緣意、能緣法、能緣意識：是名緣相。增上相者，一切有為法，各各增上。無為法亦於有為法有增上，是名增上相。因果相者，一切法各各為因，各各為果，是名因果相。總相、別相者，一切法中，各各為總相、別相。如馬是總相，白是別相；如人是總相，若失一耳，則是別相。如是各各展轉，皆有總相、別相，是為總相、別相。依相者，諸法各共相依止，如草木山河依止於地，地依止水，是一切各各相依，是名依止相。如是等一法門相，攝一切法。復次，二法門攝一切法，所謂色、無色法，可見、不可見法，有對、無對法，有漏法、無漏法，有為法、無為法，內法、外法，觀法、緣法，有法、無法，如是等種種二法門相。三、四、五、六，乃至無量法門相，攝一切法。是諸法皆空，如上說。

問曰：若皆空者，何以說一切法種種名字？

答曰：凡夫人於空法中，無明顛倒取相，故生愛等諸煩惱，因煩惱故起種種業，起種種業故入種種道，入種種道故受種種身，受種種身故受種種苦樂。如蠶出絲無所因，自從己出而自纏裹，受燒煮苦。聖人清淨智慧力故，分別一切法本末皆空；欲度眾生故說其著處，所謂五眾、十二入、十八界等；汝但以無明故，而生五眾等自作自著！若聖人但說空者，不能得道，以無所因、無所厭故。

問曰：汝言一切法空，是事不然！何以故？一切法各各自相攝故。如地堅相，水溼相，火熱相，風動相，心為識相，慧為知相；如是一切法，各自住其相，云何言空？

答曰：性空，自相空中已破，今當更說。相不定故不應是相，如酥、蜜、膠、蠟等，皆是地相，與火合故，自捨其相，轉成溼相；金、銀、銅、鐵與火合故，亦自捨其相，變為水相；如水得寒成冰，轉為地相；如人醉睡，入無心定，凍冰中魚，皆無心識，捨其心相，無所覺知；如慧為知相，入諸法實相，則無所覺知，自捨知相。是故諸法無有定相。復次，若謂諸法定相，是亦不然！所以者何？如未來法相，不應來至現在，若至現在，則捨未來相；若不捨未來相入現在者，未來則是現在，為無未來果報；若現在入過去，則捨現在相；若不捨現在相入過去，過去則是現在。如是等過，則知諸法無有定相。復次，若謂有為法，定有三相：生，住，滅；無為法亦有三相：不生，不住，不滅。汝以未來世中，非智緣滅法，是有為法而無有為相。若汝謂以非智緣盡是滅相，是亦不然！所以者何？無常盡，是名滅相，非以非智緣滅故名為滅相。如是等種種，無有定相，若有定相而不空者，是事不然！

問曰：應實有法不空，所以者何？凡夫、聖人所知各異，凡夫所知是虛妄，聖人所知是實。依實聖智故捨虛妄法，不可依虛妄捨虛妄！

答曰：為破凡夫所知，故名為聖智；若無凡夫法，則無聖法：如無病則無藥。是故經言：離凡夫法更無聖法，凡夫法性即是聖法。復次，聖人於諸法不取相亦不著，是故聖法為真實；凡夫於諸法取相亦著，故以凡夫人法為虛妄。聖人雖用而不取相，不取相故則無定相，如是不應為難！於凡夫地著法分別，是聖法，是凡夫法；若於賢聖地，則無所分別；為斷眾生病，故言是虛、是實。如說：佛語非虛非實，非縛非解，不一不異，是故無所分別，清淨如虛空。復次，若法不悉空，不應說不戲論為智人相！亦不應說不受不著，無所依止，空、無相、無作名為真法！

問曰：若一切法空，即亦是實，云何言無實？

答曰：若一切法空，假令有法，已入一切法中破；若無法，不應致難！

問曰：若一切法空是實，佛三藏中，何以多說無常、苦、空、無我法？如經說：佛告諸比丘！為汝說法，名為第一義空。何等是第一義空？眼生無所從來，滅亦無所去，但有業有業果報，作者不可得！耳、鼻、舌、身、意，亦復如是。

是中若說生無所從來，滅亦無所去，是常法不可得故無常；但有業及業果報，而作者不可得，是為聲聞法中第一義空，云何言一切法空？

答曰：我，是一切諸煩惱根本，先著五眾為我，然後著外物為我所；我所縛故而生貪恚，貪恚因緣故起諸業。如佛說無作者，則破一切法中我；若說眼無所從來，滅亦無所去，則說眼無常，若無常即是苦，苦即是非我、我所。我、我所無故，於一切法中心無所著，心無所著故，則不生結使，不生結使，何用說空！以是故，三藏中，多說無常、苦、空、無我，不多說一切法空。復次，眾生雖聞佛說無常、苦、無我，而戲論諸法，為是人故說諸法空；若無我亦無我所，若無我無我所，是即入空義。

問曰：佛何以說有業有果報？若有業有果報，是則不空！

答曰：佛說法有二種：一者、無我；二者、無法。為著見神有常者，故為說無作者；為著斷滅見者，故為說有業有業果報。若人聞說無作者，轉墮斷滅見中，為說有業有業果報。此五眾能起業而不至後世，此五眾因緣，生五眾受業果報相續，故說受業果報。如母子身雖異，而因緣相續故，如母服藥，兒病則瘥。如是今世後世五眾雖異，而罪福業因緣相續故，從今世五眾因緣，受後世五眾果報。復次，有人求諸法相著一法，若有若無，若常若無常等；以著法故，自法生愛，他法生恚，而起惡業；為是人故說諸法空，諸法空則無有法。所以者何？所可愛法，能生結使，能生結使，則是無明因緣，若生無明，云何是實？是為法空。

復次，眾生有二種：一者、著世間；二者、求出世間。求出世間，有上、中、下。上者利根，大心求佛道；中者中根，求辟支佛道；下者鈍根，求聲聞道。為求佛道者，說六波羅蜜及法空；為求辟支佛者，說十二因緣及獨行法；為求聲聞者，說眾生空及四真諦法。聲聞畏惡生死，聞眾生空，及四真諦，無常、苦、空、無我，不戲論諸法。如圍中有鹿，既被毒箭，一向求脫，更無他念。辟支佛雖厭老、病、死，猶能少觀甚深因緣，亦能少度眾生。譬如犀在圍中，雖被毒箭，猶能顧戀其子。菩薩雖厭老、病、死，能觀諸法實相，究盡深入十二因緣，通達法空，入無量法性。譬如白香象王在獵圍中，雖被箭射，顧視獵者心無所畏，及將營從安步而去。以是故，三藏中不多說法空。或有利根梵志，求諸法實相，不厭老、病、死，著種種法相，為是故說法空。所謂先尼梵志，不說五眾即是實，亦不說離五眾是實。復有強論梵志，佛答：我法中不受有無，汝何所論有無？是戲論法，結使生處。及雜阿含中大空經說二種空：眾生空，法空。羅陀經中說：色眾破裂分散，令無所有。栰喻經中說：法尚應捨，何況非法。波羅延經利眾經中說：智者於一切法不受著，若受著法則生戲論，若無所依止則無所論。諸得道聖人於諸法無取無捨，若無取捨，能離一切諸見。如是等三藏中處處說法空，是名為一切法空。

不可得空者，有人言：於眾、界、入中，我法、常法、不可得，故名為不可得空。有人言：諸因緣中求法不可得，如五指中拳不可得，故名為不可得空。有人言：一切法及因緣，畢竟不可得，故名為不可得空。

問曰：何以故名不可得空？為智力少故不可得？為實無故不可得？

答曰：諸法實無故不可得，非智力少也。

問曰：若爾者，與畢竟空、自相空無異，今何以故更說不可得空？

答曰：若人聞上諸空都無所有，心懷怖畏生疑，今說所以空因緣，以求索不可得故，為說不可得空。斷是疑怖故，佛說不可得空。所以者何？佛言：我從初發心乃至成佛，及十方佛，於諸法中求實不可得，是名不可得空。

問曰：何事不可得？

答曰：一切法乃至無餘涅槃不可得故，名為不可得空。復次，行者得是不可得空，不得三毒、四流、四縛、五蓋、六愛、七使、八邪、九結、十惡，諸弊惡垢縛等都不可得故，名為不可得空。

問曰：若爾者，行是不可得空，得何等法？

答曰：得戒、定、慧，得四沙門果、五根、五無學眾，六捨法、七覺分、八聖道分、九次第定、十無學法，得如是等，是聲聞法。若得般若波羅蜜，則具足六波羅蜜，及十地諸功德。

問曰：上言一切法乃至涅槃不可得，今何以言得戒、定、慧，乃至十地諸功德法？

答曰：是法雖得，皆趣不可得空；無受著故，是名不可得；為無為法故，名不可得；聖諦故名不可得；第一義諦故名不可得。聖人雖得諸功德，入無餘涅槃故，不以為得；凡夫人以為大得。如師子雖有所作，不自以為奇，餘眾生見以為希有。聖人雖有所得而不以為得，是名為不可得空。

無法空、有法空、無法有法空者，無法空者，有人言：無法、名法已滅，是滅無故，名無法空。有法空者，諸法因緣和合生，故有法，有法無故，名有法空。無法有法空者，取無法有法相不可得，是為無法有法空。復次，觀無法有法空，故名無法有法空。復次，行者觀諸法：生、滅，若有門、若無門，生門生喜，滅門生憂。行者觀生法空則滅喜心，觀滅法空則滅憂心。所以者何？生無所得，滅無所失，除世間貪憂故，是名無法有法空。復次，十八空中，初三品空，破一切法；後三空，亦破一切法。有法空，破一切法生時、住時；無法空，破一切法滅時；無法有法空，生、滅一時俱破。復次，有人言：過去、未來、法空，是名無法空；現在、及無為法空，是名有法空。何以故？過去法滅失、變異歸無；未來法因緣未和合，未生、未有，未出、未起，以是故名無法。觀知現在法及無為法現有，是名有法。是二俱空，故名為無法有法空。復次，有人言：無為法無生、住、滅，是名無法；有為法生、住、滅，是名有法。如是等空，名為無法有法空。是為菩薩欲住內空乃至無法有法空，當學般若波羅蜜。

大智度論卷第三十一

【附錄五】

成實論卷十二（節錄）

訶梨跋摩造
姚秦三藏法師鳩摩羅什譯

三三昧品第一百五十七

問曰：經中說三三昧，一分修三昧，共分修三昧，聖正三昧，何者是耶？

答曰：一分修者，若修定不修慧，或修慧不修定。共分修者，若修定亦修慧，是世間三昧，在煖等法中。聖正三昧者，若入法位，能證滅諦，則名聖正。何以知之？如長老比丘說：行者以定修心，因慧能遮煩惱；以慧修心，因定能遮煩惱；以定慧修心，因性得解脫性。謂斷性、離性、滅性，又若定慧一時具足，故名聖正。如以定慧得解脫，名俱解脫。

問曰：有人言：一分修者，若因三昧能見光明，不見諸色，若見諸色不見光明。共分修者，謂能見色亦見光明。聖正者，謂學、無學所得三昧。是事云何？

答曰：無有經說，唯見光明而不見色，經中但說我本曾見光明亦見諸色，今失光明亦不見色。又汝應說因緣。何故能見光明而不見色？如是等故汝說非也。

問曰：又經中說三三昧空、無相、無願，是三三昧云何差別？

答曰：若行者不見眾生亦不見法，是名為空。如是空中無相可取，此空卽是無相，空中無所願求，是空卽名無願。是故此三一義。

問曰：若爾何故說三？

答曰：是空之能。謂應修空，修空得利謂不見相，不見相故無相，無相故不願，不願故不受身，不受身故脫一切苦，如是等利皆以修空故得，是故說三。

問曰：有論師言：若三昧以空無我行，是名為空，若行無常、苦、因、集、生、緣、道、如、行、出，是名無願。若行滅、正、妙、離，是名無相，是事云何？

答曰：汝言行無常、苦名無願者，此則不然。所以者何？佛常自說：若無常卽是苦，若苦卽是無我，知無我則不復願，故知亦以空故不願。若說行因、集、生、緣名無願者，此或可爾。所以者何？經中說：見所有生相皆是滅相，則生厭離，又道中不應有無願行。所以者何？願是愛分，如經說上、中、下願，道中不生貪愛，是故不應有無願行。又經中說：五陰滅故名滅，當知隨無五陰，是名為空。空卽是滅，是中無願以愛身故願，故知此三一義不應差別。

問曰：又經中說三三昧，空空、無願無願、無相無相，何者是耶？

答曰：以空見五陰空，更以一空能空此空，是名空空。以無願厭患五陰，更以無願厭此無願，是名無願無願。以無相見五陰寂滅，更以無相不取無相，是名無相無相。

問曰：有論師言：是三三昧名有漏，是事云何？

答曰：此非有漏，所以者何？是時無漏能使故。又此三昧於空等勝，云何當是有漏？

問曰：若空等三三昧，實是智慧，何故名三昧耶？

答曰：諸三昧差別故，又三昧能生如實知見，故名三昧，果中說因故。

問曰：有論師言：是空空等三三昧，但無學人得非餘人，是事云何？

答曰：學人亦應得。所以者何？行者應證有漏無漏一切法滅，是故學人亦應當證無漏法滅。

【附錄六】

大乘義章卷第二

遠法師撰

義法聚中此卷有七門　三解脫門義亦名三空義　三有為義　三無為義　四空義

四優檀那義　四悉檀義　四真實義

三解脫門義八門分別　釋名一　辨性二　分別三　制定其名四　制立其數五　次第之義六　就地分別七　重空之義八

第一釋名。三解脫門者，謂空、無相及與無願。所言空者，就理彰名，理寂名空。言無相者，釋有兩義：一、就理彰名，理絕眾相，故名無相。二、就涅槃法相解釋，涅槃之法，捨離十相，故曰無相。言無願者，經中或復名為無作，亦名無起。釋有三義：一、就理彰名，理中無有貪求願樂，故名無願；理中無有作用集起，是故亦名無作、無起。二、就生死法相以釋，生死之法不可願求，故名無願。三、就行以論，於生死中不生願求，故名無願；不作願求，故名無作；不起願求，故曰無起。此三經論名解脫門，亦名三治，亦名三空。義或復說為三三昧門。

三脫三昧經論同說。三治一門，如《地論》說。言三空者，如《仁王》說。言三脫者，對果名也，涅槃果德，絕縛名脫。空、無相等，與脫為門，名解脫門。故龍樹言：行此三法，能得涅槃解脫果，故名解脫門。對治門者，對障名也，如《地論》說三障對治，故名三治。言三空者，就理彰名，理如一味，隨詮以別，故有三種。

三三昧者，就行名也，前三是數，後三胡語。言三昧者，此言正定，以心合法離於邪亂，故曰三昧。此等差別，故名為門。亦可通入趣入名門，名義如是。

第二辨性。三脫三治及與三空，以此法為體。三三昧者，以行為體，但就行中用慧為主，若論眷屬，是五陰性，心王是識，想數為想，受數為受，餘數為行，隨生無作，即是色陰。

問曰：此三用慧為主，何故經中說為三昧？

釋言：一切諸心心法，更相受名，如四念處，體實是慧而名為念，此亦如是。又龍樹言：此三智慧若不住定，則是狂慧，多墮邪疑，無所能為，以住定故能破煩惱，故從所依說為三昧。又三昧者，名為正定，一切禪定若無此三退轉不定，不名三昧。由此三故，正定不退，就能為目，故名三昧，體性如是。

第三分相。隨法不同，乃有三階，一、三法相對，分別三門。二、兩法相對，以別三門，三、歷就一法，以別三門。言三法者：一、是生死，二、是涅槃，三、第一義空。

就彼生死說無願門，生死多過，不可願故。就彼涅槃說無相門，涅槃寂靜離十相故就第一義宣說空門。次就二法以別三門，於中乃有三種差別：一、生死、涅槃二法相對，以說三門。生死虛無名之為空，故涅槃云：空者所謂一切生死。涅槃之法，離十相故，說為無相。遠離生死取捨願心，故名無願。故《維摩》云：不願是菩提無貪著故。亦可生死體虛名空，相則鄙惡，不可願樂，名為無願。無相同前。二、以生死對第一義，以說三門。就第一義說空無相，就彼生死宣說無願。彼第一義體寂名空，妙離諸相故曰無相，生死叵樂，稱曰無願。三、以涅槃對第一義，以說三門。就第一義說其空門，就彼涅槃，宣說無相及以無願。涅槃無相、無願之義，不異前釋。次就一法以別三門，於中乃有三種差別：一、唯就生死，二、唯就涅槃，三、唯就理。

就生死中復有四種：一、唯就外境以說三門。外境之中，有體、相、用。體空名空；相空之義，名為無相；用空之義，說為無作；無用可貪，亦云無願。二、唯就心以別三門。內心有三，謂心、想、見。妄想之體，名之為心；依心起相，隨之分別，說以為想；依想執取，建立定性，說之為見。心體空故，名之為空：彼想空故，說為無想；彼見空故，說為無願。三、境二心一，以說三門。經說生死，要唯三種：一、名，二、相，三者、妄想。外境無體，但是名有，故說為名；事相差別，說以為相；就其內心，說為妄想。彼名體空，說為空門；事相無故，說為無相；妄想心寂，說為無願。四、心二境一，以說三門。如《地論》說，障有三種：一者、分別妄想之心；二者、是相，謂依妄想起外境界；三者、是願，依前諸相起取捨心。彼妄想空名曰空門；彼相空者，名無相門；取捨願空，說為無願。上來四門，合為第一。唯就生死以說三門。

次就涅槃以說三門。涅槃之中，有體、相、用。性淨涅槃，以之為體；方便涅槃，以之為相；應作涅槃，以之為用。彼體寂者，名曰空門；相寂之義，名為無相；作用寂者，名為無作。

次就理法以說三門，如《成實》說：理體寂故，名之為空；是空理中無諸相故，說為無相；無願求心，說為無願。又《大智論》亦同此說。故彼論言：摩訶衍中三脫是一，以行因緣故說三門。觀諸法空說為空門。於此空中不取於相，是時空門轉名無相。於無相中更無所作，是時無相轉名無作，以同體故。若人入空，終不起相，亦無所作，乃至入彼無作門中，亦知空義，不取於相，但隨人別觀入不同，故立三門。

第四門中且就生死、涅槃、空理制定其名，餘類可知。言制名者，立名所依，言定名者，定其名相。先就三脫制定其名，三解脫門，正用生死、涅槃、空理以之為體，空解脫門，制名定名悉皆就體。無相門者，制名就體，說涅槃法，與彼解脫以為門故，若定其名，乃是體上遣相為目。無願門者，制名就體，說生死法，與彼解脫以為門故，若定其名，乃是體上從厭受稱。次就三治制定其名，義同三脫，正說生死涅槃及空為對治故。次就三空制定其名，然三空者，以理為宗，於中空門，制名定名悉皆就體。無相門者，制名就詮，無相涅槃是空詮故，若定其名，乃是詮中遣相為目。無願門者，制名就詮，生死之法是空詮故，若定其名，乃是詮中從厭受稱。次就三三昧制定其名，然三三昧行心為體，生死、涅槃、第一義空是其境界。言無願者，制名就體，彼三昧心於生死中不生願樂，名曰無願；若定其名，乃是體上遣患為目，願求諸有是其患故，無彼願求說為遣患。言無相者，制名就境，無相涅槃是三昧境，就境立稱故曰無相；若定其名，乃是境上遣相為目。言空門者，制名定名同皆就境，空理是其三昧境故。此等立名左右不同，各隨一義。

第五門中制定其數，凡有五義：一、隨法不同，如《地持》說，法有二種：一、有，二、無。有為無為名之為有，無我、我所名之為無。生死之法，名有為有；涅槃之法，名無為有；第一義空，名之為無。此三法也，於有為有，不願不隨，立無願門；於無為有，願樂攝受，立無相門；於此二中，非願非不願，於有不有見，以是見故建立空門。以見空故，不願涅槃，稱曰非願，不厭生死，名非不願，捨前二有，名不有見。二、隨根不同，建立三門。根有三種：謂利、鈍、中。為鈍根者說無願門，令怖畏故；為中根者說無相門，令趣求故；為利根者宣說空門，令證實故。三、隨欲不同，如《大智論》說，欲有三種：一、樂遠離，為說無願；二、樂寂靜，為說無相；三者樂實，為說空門。四、隨行不同，如《涅槃》說，行有三種：謂定、慧、捨。為起定行，宣說空門，令心住故；為起慧行，說無願門，令其觀察斷生死故；為起捨行，說無相門，令心依故。五、對患不同，如《大智論》說，患有二種：一、見，二、愛。為見行者，宣說空門，令其捨見。為愛行者，說無願門，令厭生死不願求。故見愛等者為說無相，宣說涅槃遠離色、聲、香、味、觸相，治彼愛行，離生、住、滅，治彼見行，離男女相。義有兩兼：三門治患，差別非一，且論斯耳。

第六門中明其次第，次第有三：一、修入次第，先說無願令厭生死，次說無相令求涅槃，後說空門令其契證。二、據終成本末次第，空是德本，菩薩先觀，故先明空；由見空故，不見生死可以貪求故，次第二宣說無願；由證空義不見生死，便與涅槃無相相應故，次第三宣說無相。三、約所空體、相、用等明其次第，先說空門，空諸法體；次說無相，空諸法相；後說無作，空諸法用，次第如是。

第七門中就地分別，小乘法中說之不定，有人宣說：三脫三昧唯在四禪、未來、中間及三無色，以無漏故。復有說者言：三解脫一向無漏，備如向辨。三三昧者，通漏、無漏。無漏三昧，如三解脫；有漏之者，在十一地，所謂欲界、根本四禪、未來、中間及四空處。大乘法中三脫三昧通漏、無漏，有漏之者，備如向說，在十一地；無漏之者，依於十地，所謂八禪、未來、中間。若復通論，亦依欲界。大乘宣說，欲界地中，有禪定故，攝地如是。

第八門中義別有五：列名辨相一，漏無漏分別二，就人分別三，就界分別四，就地分別五。就初門中先列其名，名字是何？謂空空三昧，無相無相、無願無願。就初彰名，名重空三昧，亦得名為重無相、重無願矣。相狀如何？依如《毘曇》，分彼四諦十六聖行以為三門。苦下二行：空與無我，判為空門。次有十行，說為無願：苦下有二：謂苦無常，集下有四：因、集、有、緣，道下有四：道、如、跡、乘，說此十種為無願門。滅下四行：盡、止、妙、出，為無相門。言重空者，羅漢先以無學等智觀察空門，直名空定，然後以彼有漏等智，觀前空智亦空無我，名空空三昧。此觀智上空無我、人，不空智體。重無願者，亦先以彼無學等智觀察苦等，直名無願，後觀此智亦是無常不可願求，擊彼聖道，名無願無願。

問曰：何故不以苦擊？

違聖道故，道非是苦，若觀為苦，即為顛倒。

何故不以因集有緣擊彼聖道？

論言因等相順聖道，不名為擊。

何故不以道如跡乘擊彼聖道？

釋言：若作道如等觀，是樂聖道何名為擊？重無相者，先以無學等見之智，觀彼滅下盡、止、妙、出，直名無相，後觀此智盡滅之處非數無為亦是寂止，擊彼聖道，名無相無相。何者智盡非數無為云何擊乎？觀滅之智，應起不起，是其智盡非數無為，欲擊彼智，先觀煩惱不起之處數滅無為是其寂止，是寂止故，可願可樂，以此寂止可願樂故，所滅煩惱，是可厭惡。後觀此智不起之處非數無為亦是寂止，可願可樂，與數滅同，以智盡處同彼數滅可願樂故，所滅之智，與彼煩惱同可厭惡，擊之如是。

問曰：何故不以妙出擊彼聖道，偏用止行？

釋言：非數非妙出故，何故不以滅行擊之？以此濫同無常滅故。若依《成實》，諸法性空，名為空門；於此空中，無相可取，名無相門；空中無其悕求願樂，名無願門。聖人以智觀五陰空，名空三昧。復觀此智亦是空，故名為空空。觀陰空中，無相可取，名無相三昧。復觀此智亦空無相，名無相無相。觀陰空中，無悕求願，名無願三昧；復觀此智亦空無願，名無願無願。大乘法中，三門多種，備如上辨，於中細論，或同《毘曇》，或似《成實》，若說生死、涅槃、空理，以為三門，相同《毘曇》。若就空理，義分三門，則同《成實》。淺深為異，重空之觀，多同《成實》。何故修此重空三昧？論言：如人以杖燒尸，死尸既盡杖亦須焚，智亦如是，前用斷結，結患既亡，智亦須捨，故須修之此一門竟。

次就有漏無漏分別，依如《毘曇》重空三昧一向有漏，以其所觀非諦理故。《成實》無漏，故彼論言：重空無相無願三昧，重空名勝，云何有漏？大乘無漏，同《成實》說(此二門竟)。次就人論，《毘曇》法中，重空三昧唯是利根阿羅漢得，非是餘人，以彼學人有煩惱故，一向不得。鈍根羅漢所得三昧不自在，故亦不能得。《成實》法中，一切羅漢及諸學人，皆悉得之。故《成實》言：學人亦得，以證一切諸法滅故。大乘人中，種性已上一切皆得。若復通論，十信亦得(此三門竟)。次就界論，界論三界，依如《毘曇》，重空三昧唯欲界起，非上二界，就欲界中，三天下人能起此觀，由說起故。《成實》無文，理應遍通。大乘法中，菩薩自在於三界中，隨身何處皆得修起(此四門竟)。次就地論，依如《毘曇》，重空三昧，是有漏故，始從欲界乃至非想，一切地心皆得修起，欲界唯緣未來禪中所有無漏，為重空觀；非想唯緣無所有處所有無漏，以相近故。《成實》法中，是無漏故，唯依初禪至無所有七依定中而得修起。大乘所辨，一切地心皆得修起。重空三昧辨之麁爾。

【附錄七】

摩訶止觀輔行傳弘決卷七之二（節錄）

陳隋　天台智者大師說　門人章安灌頂大師記
唐荊溪湛然大師傳弘決　明天台傳燈大師增科

明三脫門者，即明道品功能。《大論》二十一問：涅槃唯一門，何故三耶？答：法一義三，三祇是一。又隨人不同，故分三別：見行從於空；愛行從無作；見愛等者，從於無相。論局三藏，今通三教；別教初心，同二教故。諸教並以證道為無漏城。唯圓義通，六即辨異；是故今文，釋道品竟，次明三脫。若準文正意，祇應但明無作三脫；亦為比決，使識無作，是故具明，諸教三脫。於中為三：（科判略，下同）

復次，行三十七道品，將到無漏城。城有三門；若入此門，即得發真。

謂「空、無相、無作」門。亦名「三解脫門」，亦名「三三昧」。

若從正見、正思惟入定，從定發無漏，是時正見智，名「大臣」，正定為「大王」，從此得名，名「三三昧」。非智不禪，即此意也。

若由正定生正見，從正見發無漏，是時正定為大臣，智慧為大王，從此得名，名「三解脫」。非禪不智，即此意也。

三脫從慧，三昧從定。於空等上，立二名者，由二種人，入無漏異，故有三昧、三脫不同。以親入無漏者為王，旁助發者為臣。見與思惟屬慧，即是從慧發定；從定發慧，準此可知。

或可三昧是伏道，解脫是斷道、證道。

或可定慧合故，三昧是解脫，解脫即三昧。

「斷、伏」名體，尋文可見。

若三藏以苦下空無我，是「空門」；滅下四行，是「無相門」；集道下八行，苦下兩行，是「無作門」。

三藏教，約十六行以分三門，《俱舍》、《婆沙》諸文皆爾！故三藏中，由觀此行，上忍發真，故以此行，而為三門。又此行相，但取與其三門類同，判屬門耳。

此十六行王臣等　云云。

但分三昧，及以三脫，互為王臣，諸論未辨。

若通教，明「苦、集」皆如幻化；即空門。

古釋論本云：若觀極微色，則有十八空。今本云：若觀一端疊，則有十八空。

疊是假名，極微是實法，以此為異。若得意者，假、實皆空耳。

若未入空，情想戲論，計有空相；知空無空相，名「無相門」。

空相雖空，猶計觀智；既無所能，誰作空觀？是名「無作門」。既無作者，誰起願求？亦名「無願」。

通教從初，但觀幻化；是故不復依十六行。初空門中，具引古釋論本者，既是古今互出不同；今雙引之，以證假、實。此教三門，不同三藏三門體殊；此中得空，即無相願。

此三三昧王臣　云云。

但約空觀，以辨三相；還約定慧，以辨王臣。空等三義，雖皆觀幻，不妨亦有王臣不同；亦由人道根異故爾。

若別教，明從假入空，證真諦，名「空三昧」。二乘但證此空，猶有空相；菩薩知空非空，出假化物，無復空相，是名「無相三昧」。進修中道，無中邊相，亦不求中邊，名「無作三昧」。

意者，即以三觀為三三昧；三脫亦然！一一諦中，止即三昧，觀即三脫。王臣伏斷等，準三藏說；即以初地，為無漏城。

此三觀智王臣 云云。

復次，別約出假意者，分別無量藥病，悉是假名；假名無實，無實故空，是名「空門」。空尚無空相，況有假相？故名「無相門」。空假無相，亦不願求，知病識藥，故名「無願」。

約此一諦，既義立三，當知亦具王臣等義。於別教中，立二釋者，約教始終，雖具三諦；不得意者，但在於假；是故此教，應須兩釋。

又一教始終，雖具三諦，若入證道，不復名別；是故別教，但在於假。凡釋別義，悉皆準此。既約出假，以釋三門，亦通行向，為無漏城。故《大品》云：欲度眾生修於空，護持諸法修無相，不捨諸有修無願。豈非純於出假，以立三門？出假尚爾，餘任運具，何假義求？

此出假智王臣 云云。

別約圓者，名雖同前，意義大異。《大論》云：聲聞緣空，修三解脫；菩薩緣諸法實相，修三解脫。

所緣不同，能通門異；所緣即是初住無漏，故使能通近遠亦異。

智者見空，及與不空；此空不空，亦名「中道」。若見此空，即見佛性。

「智者」等者，明空體不同。智者之言，亦通別教，及以接通；今唯在圓，成圓三脫。空及不空，皆能通極，故並名「中」，皆能見性。

又所見之空，空無大小，以智異故，大小名生；是故此中，以智判空。智既圓融，二空則合，合故名「中」，復能見性。

又二乘觀夢中十八事，夢中內事不可得，名「內法空」；夢外事不可得，名「外法空」；乃至夢中十八有不可得，名「十八空」。

因辨大小十八空異。若得此空，必具十八；是故次此，辨十八空。空若不同，餘門自別；所以二乘觀十八空，如觀夢事。

今圓觀眠法不可得：無內法，從眠所生一切內法，皆不可得，名「內法空」，一切法趣此內空。眠無外法，從眠所生一切外法不可得，即「外法空」，一切法趣此外空。乃至眠法十八種有不可得，名「十八空」，一切法趣十八空。歷十八緣，名十八空，但是一空。《方等》云：大空小空，皆歸一空；一空即法性實相，諸佛實法。《大品》云「獨空」也。

圓人觀之，如觀眠法。法如無明，夢事如取相；取相枝末，無明為本。是故夢事，必依眠法。故觀無明，即見實相；但觀取相，唯見真理。若與二乘辨「空」異者，則兩教二乘，及通別入空，任運可識。縱使別教詮於不空，非初心觀，何須比決？故並不與圓教空同。故但約二乘，不論諸教。以此文中，義猶含隱，是故下文，更重簡之。

如前觀無明，四句不可得，一空一切空，不見四門分別之相，非緣非真，無誰所作，王臣 云云。

寄前修中觀中三假，以辨三相，故云「如前」。既用四句，觀破無明，卽具二空；皆不可得，卽是空門。不見四門之相，卽相續假；破尚無法性，豈有無明？是故不分四門之異，卽無相門。門祇是句，卽四句也。

有真有緣，故有能所；有能所故，故有作者。今非真緣，故無作者。卽無作門，雖寄三假，實無前後。前通教中，尚空卽無相及無作等；況復圓妙，更立次第耶？

「王臣云云」者，亦具三義，與前不同。

如是空，即無相、無作；及一切法，一切法亦如是！當知一解脫門，即三解脫門；三解脫門即一門。

又四門中，皆修三解脫，互無障礙。

門門三脫，一一互通。

如此三門，意非次第。

重更約教，以辨空異。初結成圓門，故云「三門，意非次第」。

別雖次第，皆緣實相。又異通教，通緣空理，復異三藏。三藏緣四諦智，故知三脫，及與道品，節節有異，須善識之。

仍許別教，亦緣實相；以次第故，與圓不同。

「又異」等者，尚不同別，況復藏、通？能知異相，方可觀同。是故勸物，須善識之！

又「華嚴」日出，先照高山，偏多四榮；鹿苑三藏，偏多四枯。方等般若，多調枯以入榮，引小而歸大；鶴林施化已足，於榮枯中間，而入涅槃。為極鈍難化，來至雙樹，始復畢功。利根明悟，處處得入；如身子等，於《法華》中，入秘密藏，得見佛性。所以涅槃，遙指八千聲聞，於「法華」中，得記作佛；如秋收冬藏，更無所作。約此一番，施化早畢，不俟涅槃。

約五味以判，明四念處，祇是觀陰；若至涅槃，成五解脫。解脫祇是秘密之藏。念處既居道品之初，雙樹枯榮復表念處；是故還約枯榮以判。

初《華嚴》中，雖具二義，文多明別，故云「偏多四榮」；所以住前十種梵行，全明別義。初住雖卽畧明圓義；二住已去，乃至十地，多明別義。雖行向中，辨於普賢，行布二門；而諸位中，普賢義少。〈入法界品〉唯見彌勒、文殊、普賢，廣明圓融；餘諸知識，多明別相。是故今云「偏多四榮」；三藏可解。

方等、般若文中，處處雖有圓義，多為調於鈍根菩薩，及二乘人。故《淨名》中，彈斥聲聞，貶挫菩薩念座致屈，去華招譏，聞不思議事，猶如根敗；覩大士現變，自鄙如盲，方信摩訶衍甚深。伏諸菩薩志大，至般若會，乃堪委業；故佛加之，以說二空。所以兩時教意，多調枯以入榮，使二乘之輩，稍成通別；雖未顯說，義已成榮。至「法華」時，會諸枯榮，入非枯榮；爾乃方堪授作佛記。且順《大經》，越而未說。卽云「鶴林施化已足」。二經同味，雖越而兼；是故判云「為極鈍根，來至雙樹」。方等、般若，顯入、密入，故云「菩薩處處得入」。既引「涅槃」遙指「法華」，故知《法華》為醍醐正主，所以經喻「秋收冬藏」。至涅槃時，猶如捃拾，故《大經》第九云：譬如暗夜，若諸營作，一切皆息；其未訖者，要待日明。學大乘者，要待無上大涅槃日。是經出世，如彼果實，多所饒益；安樂一切，能令眾生，見如來性。如《法華》中，八千聲聞得授記莂，如秘收冬藏，更無所作。一闡提輩於諸善法，無所營作。八千聲聞卽是〈持品〉八千人也。此據五時，相生以說。若論教旨，《法華》唯以開權顯遠，為教正主；獨得名「妙」，意在於此。

又云：誰能莊嚴娑羅雙樹？即舉舍利弗六人。又別舉如來，若見佛性，能莊嚴雙樹；於其中間，而入涅槃。身子六人，既能莊嚴，豈不見佛性；於其中間，入於涅槃？

約人結成，所表正意，祇是結成念處功畢耳。

所言六人及如來者，二十八云：爾時，獅子吼菩薩白佛言：世尊！何等比丘，能莊嚴娑羅雙樹？佛舉六人，及以如來。六人在因，如來居果。因果俱得，莊嚴之名；因果始終，四德具足。所表義顯，故云莊嚴。因六人者，經云：若有比丘，受持讀誦十二部經，正其文句，如是比丘乃能莊嚴娑羅雙樹。獅子吼言：如我解佛所說義者，阿難比丘即其人也；得淨天眼，指阿那律；少欲知足，指大迦葉；無諍空門，指須菩提；善修神通，指目犍連；得大智慧，指舍利弗。於一一人，廣如阿難。後舉果人云：若有比丘能說眾生悉有佛性，得金剛三昧，具足四德，八自在我。如是比丘最能莊嚴娑羅雙樹。獅子吼言：如我解佛所說義者，唯有如來乃能莊嚴娑羅雙樹；如其無者，則不端嚴。唯願如來常住於此！佛言：一切諸法，性無住住，云何請住？前之六人，雖曰多聞，乃至大智；要必宣說，一切眾生悉有佛性。已於《法華》聞得記已，非不能說，但不及果人，故云「如來最能莊嚴」。因人、果人皆具四德；四人始入，故云唯佛。

聲聞尚爾，諸菩薩等處處得入，其義可知。

若入涅槃，成五解脫。

「若入涅槃成五解脫」者，結四念所表，以成秘藏。秘藏祇是涅槃，涅槃祇是解脫。四念處觀，既觀五陰；念處既成，中間涅槃；卽是五陰，成五解脫。故經云色解脫，乃至識解脫。

不即六法，不離六法，三佛性意 云云。

「不卽」等者，結四念及以解脫，成三佛性。此三佛性，與計六法，不卽不離。不卽故非，不離故是；理具故是，本迷故非。

言「六法」者，謂五陰、神我。故《大經》三十，作盲人摸象譬竟，卽合譬云：或有說言，色是佛性，乃至說言，我是佛性；當知佛性，與彼六法，不卽不離。

「三佛性」者，準第三卷意。念處中文：「正因」不卽不離於色，「了因」不卽不離於識，「緣因」不卽不離受想行及我。當知六法，祇是三因。故此三因與五陰等，不卽不離；轉於五陰，以成四德。三德三因，具如第三卷三德文末。彼具圓別，今但在圓；大同小異，各有意旨。前之二解，以五陰四念，對三德四德；今對五陰，復加神我，置於四德，唯對三因。是故開合，有少同異。

第七、助道對治者，《釋論》云：「三三昧」為一切三昧作本也。尅出所助之體，故云「為一切三昧作本」。故四三昧，必依圓教不思議三三昧為本。此卽前六名為正行；正行不顯，良由有遮。

當分說者，當教三昧，卽為當教諸行之本。今文唯約無作三昧，為諸行本也。

若入三三昧，能成四種三昧。

「根利無遮」，易入清涼池，不須對治。「根利有遮」，但專三脫門，遮不能障，亦不須助道。「根鈍無遮」，但用道品調適，即能轉鈍為利，亦不須助道。「根鈍遮重」者，以根鈍故，不能即開三解脫門；以遮重故，牽破觀心；為是義故，應須治道，對破遮障，則得安隱入三解脫門。《大論》稱諸對治，是助開門法，即此意也。

四句之中，三句不須，唯根鈍有遮，用此對治。次句中云「但專三脫」者，但專修前無作道品，以開三脫。

夫初果聖人，無漏根利，見理分明。事中煩惱，猶有遮障，不名善人。斯陀洹侵五下分，亦非善人；雖非善人，實非凡夫。若世智斷惑，雖無事障，實非聖人。如此兩條尚須助道，況根鈍遮重，而不修對治，云何得入？

況釋「斯、須」二果，為根利有遮，及世智斷結，雖非出世根利，亦是無遮之限。

言「兩條」者：二果為一條，世智為一條。如此兩條，初條尚有事惑，次條無事。為理成障，破事理障，義當用治。況根鈍遮重，不修對治？第三果人，欲結盡故，不說須治。世智雖斷，下八地思，以計我故，猶須治道。故五停中，著我多者，尚須對治，為說界法。

若準此意，唯根利無遮、根鈍無遮，及無漏智盡欲結者，不須對治。然初、二果，但緣理治惑，名為用治，實不同於凡夫治相。當知無遮，但專上來「境」

等六法，若有遮根鈍等，治道不成，三昧安剋？

助道無量。前通塞意中，約六蔽明遮，宜用六度為治；以論助道助道無量，但用六者，為對六蔽，故且立六，以示治相。準下文意，雖復初教，展轉為治。此科正為治於重蔽，是故且立事六為治。

問：前通塞中，塞有橫豎，此中治塞，何故但將橫中六度，以辨治相耶？

答：橫則事理俱障，六則攝事畧周，況復苦集，無明名略，對治不足，及豎中塵沙等惑，非治正意，今明事治，故不論之。又，若有苦集，卽具無明，具無明故，六蔽具足。但治六蔽，餘二則去。此之蔽相，復重於陰境，所歷餘心，是故別生此文用觀。

若人修四三昧，道品調適，解脫不開，而慳貪忽起，激動觀心，於身命財，守護保著。又貪覺緣想，須欲念生，雖作意遮止，而慳貪轉生。是時當用檀捨為治。

若人修四三昧，至脫門不開。此文冠下，五度之首，下五但云「修三昧時」，餘文並略。「激」者，水衝也。

修三昧時，破戒心忽起，威儀麤穬，無復矜持，身口乖違，觸犯制度；淨禁不淳，三昧難發。是時當用尸羅為治。

「穬」者，芒稻也。「麤」：澀貌也。防過曰「制」。限分為「度」。

「淳」：謂淳朴，亦漬也，沃也。

修三昧時，瞋恚悖怒，常生忿恨，惡口兩舌，諍計是非；此毒障於三昧。是時，當修忍為治。

「悖」者，此非字體，謂背逆也；應作「誖」字，亂也。

修三昧時，放逸懈怠；恣身口意，縱蕩閒野；無慚無愧，不能苦節。如鑽火未熱，數數而止。事☎之人，尚不辦世務，況三昧門？是時應用精進為治。

「事」字託跋，正應作「嬾」。「儢」者，《玉篇》云：心不力也，謂懈怠也。

修三昧時，散亂不定；身如獨落，口若春蛙，心如風燈；以散逸故，法不現前。是時應用禪定為治。

「春蛙」者，蝦蟆之流。

修三昧時，愚癡迷惑，計著斷常，謂有人、我、衆生、壽命；觸事面牆，進止常短，不稱物望；意慮頑拙，非智黠相。是時當用智慧為治。

「面牆」者，無所見也。

諸蔽覆心，亦有厚薄。薄者心動，身口不必動；厚者身口動，心必先動。內病既強，其相外現。

前六蔽中，各有厚薄云云。

若用對治得去，是病所宜；若對治不除，當依四隨，迴轉助道。

具辨四隨，迴轉治相。前之對治，已用四中，一對治竟，忽非其宜，應須轉用。或兼或具，若第一義，是故總云「當依四隨」。

如治一慳，或樂修檀，或不樂修檀；或善心生，或不善生；或修檀慳破，或不破；或修檀助開，或不開；當善巧斟酌，或對或轉，或兼或第一義云云。修餘治亦如是！

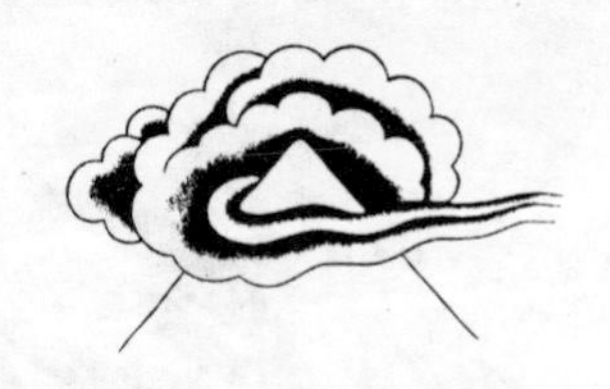

高階禪觀⑫

三三昧禪觀

——證入空・無相・無願三解脫門的禪法

作　者—洪啟嵩

執行編輯—蕭婉珍

美術編輯—陳麗珠

出 版 者—全佛文化出版社

地址／台北市信義路三段二〇〇號五樓

永久信箱／台北郵政二六—三四一號信箱

電話／（〇二）七〇一一〇五七・七〇一〇九四五

郵政劃撥／一七六二六五五八　全佛文化出版社

定　價—新台幣二六〇元

初　版—一九九七年九月

Email :buddhall@ms7.hinet.net

國家圖書館出版預行編目資料

三三昧禪觀：證入空．無相．無願三解脫門的禪法／洪啟嵩作．--初版．--臺北市：全佛文化，1997［民86］

面；　　公分．--(高階禪觀；12)

ISBN 957-9462-80-1(平裝)

1.修證論

220.126　　　　　　　　　　　　86010844